जनसंचार
और
पत्रकारिता

जनसंचार और पत्रकारिता

सम्पादक
डॉ. पूर्णिमा आर
अध्यक्ष हिन्दी विभाग
एसएसवी कॉलेज, वलयंचिरंगरा
पेरुंबावूर, केरल

वाणी प्रकाशन
प्रकाशन के उत्कृष्टतम 62 वर्ष

पहला संस्करण : 2019
दूसरा संस्करण : 2025

vaniprakashan.com

वाणी प्रकाशन

4695, 21-ए, दरियागंज, नयी दिल्ली-110 002

फ़ोन : + 91 11 23273167, 23275710

शाखाएँ

अशोक राजपथ, पटना-800 004, बिहार

कॉफ़ी हाउस कैम्पस, महात्मा गांधी मार्ग, प्रयागराज-211 001, उत्तर प्रदेश

महात्मा गांधी अन्तरराष्ट्रीय हिन्दी विश्वविद्यालय, वर्धा-442 001, महाराष्ट्र

sales@vaniprakashan.in
vaniprakashan@gmail.com

JANSANCHAR AUR PATRAKARITA
Edited by Dr. Poornima R

ISBN : 978-93-88684-89-7

मूल्य : ₹ 95

जी.एस. ऑफ़सेट, दिल्ली-110 095 में मुद्रित

वाणी प्रकाशन का लोगो मक़बूल फ़िदा हुसैन की कूची से

अनुक्रम

संचार

भूमिका

'जनसंचार' (Mass-communication) व्यापक अवधारणा है। आज के युग में तो यह एक प्रभावशाली प्रौद्योगिकी बनकर उभरी है। इस प्रौद्योगिकी ने हमारी समूची दुनिया को ही बदलकर रख दिया है। लेकिन 'जनसंचार' का मूल 'संचार' है। हम जानते हैं और अच्छी तरह अनुभव करते हैं कि 'संचार' जीवन के लिए बहुत आवश्यक है। इसके बिना हम रह नहीं सकते। हर आदमी अपनी जागृतावस्था में लगभग 70 प्रतिशत हिस्सा 'संचार' करने में, अर्थात् बोलने, सुनने, सोचने, देखने, पढ़ने, लिखने या विचार–विमर्श में लगाता है। इसलिए यदि हम यह कहें कि 'संचार' जीवन का पर्याय है, तो अतिशयोक्ति नहीं होगी। यानी, जीवन का दूसरा नाम है 'संचार–संलग्नता', और मृत्यु का नाम है 'संचार–शून्यता'। सूचना के आदान–प्रदान, निर्देशन, मनोरंजन, विश्वास अर्जित करने, विचार–विमर्श, संस्कृति को बढ़ावा देने, भावात्मक एकता बढ़ाने आदि के कार्य संचार' से ही सम्भव हो पाते हैं।

लेकिन 'संचार' की भी कुछ सीमाएँ हैं। ऐसे कई कारण हैं, जो स्पष्ट और निर्बाध संचार में बाधक होते हैं। ऐसे कारकों को हम मनोवैज्ञानिक, यान्त्रिक, अर्थवाची, भौतिक, भाषायी तथा सांस्कृतिक आदि वर्गों में रख सकते हैं। 'संचार' और 'जनसंचार' तथा 'प्रौद्योगिकी' के स्वरूप को जानने–समझने पर ये सारी बातें स्पष्ट हो सकेंगी। अतः हम इसी ओर क्रमशः अग्रसर होंगे।

संचार क्या है?

'संचार' का सामान्य अर्थ है–किसी सूचना या जानकारी को दूसरों तक पहुँचाना। लेकिन आज 'संचार' एक तकनीकी शब्द बन चुका है; जो अंग्रेजी के 'कम्यूनिकेशन' (Communication) का हिन्दी रूपान्तर है। इस शब्द का प्रयोग 'किसी बात को आगे बढ़ाना, चलाना या फैलाना' के अर्थ में किया

जाता है। जब हम 'संचार' शब्द का प्रयोग 'कम्यूनिकेशन' के विशिष्ट अर्थ में करते हैं, तब यह एक पारिभाषिक शब्द बन जाता है। इस स्थिति में संचार' के स्वरूप को समझने के लिए हमें अंग्रेजी के 'कम्यूनिकेशन' शब्द का अर्थ जानना होगा।

'संचार' को अंग्रेजी में 'कम्यूनिकेशन' (Communication) कहा जाता है। यह 'कम्यूनिकेशन' शब्द लैटिन भाषा के 'कम्युनिस' (Communis) से बना है, जिसका अर्थ है–to make common, to share, to import, to transmit अर्थात् सामान्य भागीदारी युक्त सूचना एवं उसका सम्प्रेषण।

'कोलम्बिया एन्साइक्लोपीडिया ऑफ कम्यूनिकेशन' में 'कम्यूनिकेशन' शब्द को इस प्रकार परिभाषित किया गया है–"विचारों एवं सन्देशों के आदान–प्रदान को 'संचार' कहते हैं, जो चीजों और व्यक्तियों की ढुलायी या परिवहन से अलग है।"

रॉबर्ट एण्डरसन ने 'कम्यूनिकेशन' की बहुत ही सरल, सीधी और उपयुक्त परिभाषा दी है। एण्डरसन के अनुसार, "वाणी, लेखन या संकेतों के द्वारा विचारों, अभिमतों अथवा सूचना का विनिमय करना 'संचार' कहलाता है।"

व्याकरण की दृष्टि से विचार करें तो 'संचारण' क्रिया से 'संचार' संज्ञा बनेगी। और हम कहेंगे कि–'संचार' के अन्तर्गत अनुभवों, विचारों, सन्देशों, धारणाओं, दृष्टिकोण, अभिमतों, सूचना, ज्ञान आदि बातों का आदान–प्रदान निहित है।

इस प्रकार 'संचार' वह प्रक्रिया है, जो कि समाज में एक–दूसरे से सम्बद्ध एवं उद्देश्यपूर्ण है। यह सामाजिक संगठन का आधार भी है। इस सन्दर्भ में हमें तीन बातों की ओर ध्यान देना चाहिए :

1. यह आदान–प्रदान या सूचना–प्रेषण मौखिक हो सकता है, लिखित हो सकता है अथवा संकेतों के द्वारा हो सकता है। लेकिन जिस रूप में भी क्यों न हो, उसे एक 'अर्थपूर्ण सन्देश' (meaningful message) होना चाहिए। बिना 'अर्थ' के कोई भी सन्देश 'व्यर्थ' है।
2. इस आदान–प्रदान या सूचना–प्रेषण की प्रक्रिया हमें देखने–सुनने में सरल लग सकती है, किन्तु वास्तव में सरल नहीं हुआ करती। यह एक जटिल प्रक्रिया होती है। इसमें हमारे वाक् अवयवों से लेकर अनेक प्रकार की मशीनों का प्रयोग किया जाता है।
3. हमारे द्वारा भेजे गये 'अर्थपूर्ण सन्देशों' का प्रभाव दूसरे लोगों पर होना चाहिए। वे कुछ प्रतिक्रिया दें, उनमें कुछ बदलाव आये, उनके

और हमारे बीच एक सामान्यता (Commonness), साझेदारी या समझ बने; यह भी आवश्यक है।

इस विचार से हम 'संचार' की एक संक्षिप्त परिभाषा देना चाहें तो कह सकते हैं कि, "संचार एक जटिल प्रक्रिया का परिणाम है, जिसके द्वारा एक व्यक्ति से दूसरे व्यक्ति के बीच 'अर्थपूर्ण सन्देशों' *(meaningful messages)* का आदान–प्रदान किया जाता है। ये अर्थपूर्ण सन्देश 'सन्देश भेजने वालों' और 'सन्देश पाने वालों' के बीच एक सामान्यता, समझदारी या साझेदारी बनाते हैं।"

इस प्रकार हम देखते हैं कि 'संचार से अर्थपूर्ण सन्देश या सूचना एक व्यक्ति से दूसरे व्यक्ति तक या एक व्यक्ति–समूह से पूरे समाज तक पहुँचती है। इस प्रक्रिया से विचारों का आदान–प्रदान होता है। अर्थात संचार–प्रक्रिया में स्रोत और श्रोता के मध्य सूचना या सन्देश का सम्प्रेषण होता है।

यह सब हम किसलिए करते हैं? इस प्रश्न का उत्तर हमें मिलेगा 'संचार' के कार्यों को समझने के बाद।

तो आइए हम समझें कि 'संचार' के मुख्य रूप से क्या–क्या कार्य हैं।

'संचार' के कार्य

'संचार' के कार्यों के मूल में छिपा है हमारा उद्‌देश्य। यों तो हम समाज में रहते हुए स्थिति और आवश्यकतानुसार परस्पर संचार करते हैं। हमारी आवश्यकताएँ असीमित हैं। इसलिए संचार के उद्‌देश्य भी असीमित हैं। लेकिन हम प्रायः निम्नलिखित उद्‌देश्यों की पूर्ति के लिए संचार का सहारा लेते हैं :

1. जब हमें किसी को कोई जानकारी या सूचना देनी हो। या हमें किसी से कोई जानकारी लेनी हो। जैसे–पत्र लिखना, टेलीफोन पर बातचीत करना, समाचारपत्र–पत्रिकाएँ पढ़ना, समाचार सुनना या देखना आदि।
2. जब हमें अपने विचारों, मतों या अवधारणाओं को दूसरों तक पहुँचाना हो।
3. जब हमें किसी को अपने विश्वास में लेना हो।
4. जब हमें किसी से प्यार करना हो, घृणा करनी हो, किसी पर क्रोध करना हो या किसी को समझाना हो।

5. जब हमें मनोरंजन करना हो। जैसे–फिल्म देखना, रेडियो सुनना, टेलीविजन के कार्यक्रम देखना आदि।

6. जब हमें अपनी भावनाओं को या संवेगों को ध्वनियों, शब्दों, चित्रों या संकेतों के माध्यम से अधिक से अधिक लोगों तक पहुँचाना हो।

7. जब हमें अपनी भावनाओं या विचारों को औरों की तुलना में श्रेष्ठ सिद्ध करना हो।

कहने का अर्थ यह है कि संचार के बिना हमारे जीवन में कुछ भी आगे नहीं बढ़ता। हमारी गति–प्रगति का मूल आधार ही संचार है। 'संचार' ने हमारे जीवन को बहुत ही सुविधाजनक और तेज बना दिया है। हमें दुनिया में जहाँ–जहाँ भी परिवर्तन दिखाई देता है, समझ लो, वहाँ 'संचार' मौजूद है। इसलिए संचार के बिना हमारे जीवन और समाज की कल्पना तक नहीं की जा सकती।

हममें से सभी 'संचार' करते हैं। कोई हमसे अपने सुख–दुःखों, मतों, विचारों या सूचनाओं या फिर मनोरंजन की चीजों की चर्चा करता है, तो हम उस व्यक्ति से जुड़ते हैं। हम दोनों के बीच 'संचार–सम्बन्ध' कायम होता है। इस प्रक्रिया में हम दोनों ही 'संचार' का एक पक्ष बन जाते हैं। इसी तरह व्यापक स्तर पर किसी नेता के भाषण के दौरान वक्ता और श्रोता के रूप में हमारा सम्बन्ध बन जाता है। अपनी कक्षा में शिक्षक का व्याख्यान सुनते हुए, अपने माता–पिता, शिक्षक या अपने से बड़ों का निर्देश सुनते हुए या फिर मन्दिर–मस्जिद–गुरुद्वारे या चर्च में धर्मचर्चा सुनते हुए भी हम 'संचार' से जुड़ते हैं। पत्र, ई–मेल या अखबार पढ़ते हुए, रेडियो सुनते हुए, सिनेमा और टेलीविजन देखते हुए हम व्यापक स्तर पर 'संचार' प्रक्रिया के अंग होते हैं। यहाँ तक कि सड़क पार करते हुए हम सुरक्षा संकेतों को देखते हैं, हॉर्न सुनते हैं, लाउडस्पीकर से प्रसारित हो रही कोई जरूरी सूचना सुनते हैं, बल्कि यही नहीं, जब हम अपने आप से ही बातें कर रहे होते हैं, तब भी 'संचार' कर रहे होते हैं। कहने का अर्थ यह है कि संचार का क्षेत्र बहुत व्यापक है। हम इसके घेरे से कभी बाहर नहीं रह सकते। हर कोई, हर कहीं संचाररत है। हमारे आसपास संचार का 'दृश्य प्रपंच' चलता ही रहता है। लोग जाने–अनजाने; सचेत होकर अथवा अचेतन रूप में; किसी भी रूप में संचार में संलग्न रहते हैं। यानी, जैसा कि हमने पहले कहा, हमारे जीवित होने का प्रमाण ही है, 'संचार–संलग्नता'।

अतः वास्तव में 'संचार' अनिश्चित और अनेकार्थक तो है ही, सर्वव्यापी

भी है। जीवन का कोई क्षेत्र ऐसा नहीं है, जो संचार की परिधि में न हो। यह ऐसी प्रक्रिया है, जो हमेशा लगातार चलती रहती है। लोकतान्त्रिक अर्थ में यह मनुष्यों का, मनुष्यों के द्वारा, मनुष्यों के लिए किया जाने वाला सद्भावनापूर्ण कार्य है।

इसी के अनुसार प्रभावशाली 'संचार' के फलस्वरूप, मुख्य रूप से निम्नांकित कार्य सम्पन्न होते हैं :

1. सूचना का व्यापक रूप में प्रसार–प्रचार होता है और सूचना की एकरूपता बढ़ती है।
2. हम दूसरों को निर्देश भी देते हैं।
3. हमारा मनोरंजन होता है।
4. विचारों के आदान–प्रदान से और विचारों की एकरूपता के कारण दो व्यक्तियों के बीच अथवा व्यापक समाज में विश्वास बढ़ता है।
5. समूह के स्तर पर एकरूपता की ओर गत्यात्मक परिवर्तन (Dynamic Change) आता है।
6. हम एक–दूसरे को प्रभावित करते हैं, आपस में विश्वास अर्जित करते हैं। इससे समाज में विश्वास और भाईचारा बढ़ता है।
7. समाज में सांस्कृतिक प्रगति आती है।
8. समाज में भावात्मक एकता का प्रसार होता है और इससे सामाजिक व्यवस्था बनती है।

सूचना और संचार

'सूचना' और 'संचार' परस्पर जुड़े हुए शब्द हैं। बिना 'सूचना' के 'संचार' की कल्पना नहीं की जा सकती, और बिना 'संचार' के सूचना भी अधूरी है।

एक समय था जब यह कहा जाता था कि 'ज्ञान ही शक्ति है'– Knowledge is power. लेकिन आज कहा जा रहा है–'सूचना ही शक्ति है' The information is power. जिसके पास नवीनतम सूचना और अधिक से अधिक सूचना नहीं है, वह पिछड़ा तथा कमजोर माना जाता है। वास्तव में ज्ञान के अन्तर्गत सूचना, विचार, अवधारणा, मूल्य, सामाजिक प्रतीक और व्यवहार सब कुछ आ सकता है।

हम क्यों नित नये समाचार जानने के इच्छुक रहते हैं? क्यों हम सुबह सबसे पहले समाचार सुनते, देखते और पढ़ते हैं? इन सबकी हमें इतनी आदत हो जाती है कि अपने आप ही हमारा सारा ध्यान समाचारों की ओर

लग जाता है। इस बात की ओर ध्यान देकर देखें कि जिन टेलीविजन चैनलों पर दिन में कई बार समाचार आते रहते हैं, उन्हें देख–सुन कर हम कई बार कह उठते हैं–'अरे! कोई नया समाचार नहीं आया!' यानी हमें हर पल नयी सूचना चाहिए।

देश–दुनिया में ही नहीं, अपितु हम अपने शहर, गाँव, कस्बे यहाँ तक कि मुहल्ले से भी किसी नयी सूचना की अपेक्षा रखते हैं। अपने सम्बन्धियों की कुशल–क्षेम जानना चाहते हैं, अर्थात् उनकी ओर से कोई सूचना मिले, हमारी ऐसी इच्छा बनी रहती है।

इन सब उद्देश्यों की पूर्ति 'संचार' के विभिन्न माध्यमों से ही हो पाती है। सूचना पाने और उसे व्यापक जनसमुदाय तक भेजने से उस सूचना की एकरूपता बढ़ती है। अर्थात् कोई भी सूचना जब सही–सही रूप में भेजी जाती है, तो वह ज्यों की त्यों अपने वास्तविक रूप में दूसरों तक भेजी जाती है। ऐसा होने में ही संचार की विश्वसनीयता है। जो संचार–माध्यम इस सूचना को विकृत कर देते हैं, या उसे तोड़–मरोड़ कर उसमें मनचाहे ढंग से परिवर्तन कर देते हैं; वे विश्वसनीय नहीं होते।

एक सभ्य आधुनिक विश्व का नागरिक होने के नाते सूचना पाने का अधिकार हमारा मौलिक अधिकार है। कहना न होगा कि संचार के माध्यम से हम अपने सूचना पाने के इस मौलिक अधिकार को प्राप्त कर पाते हैं।

सूचना ज्ञान की ही तरह अज्ञान और पिछड़ेपन से लड़ने का अदृश्य हथियार है। यह पिछड़ापन सामाजिक, राजनीतिक और आर्थिक किसी भी तरह का हो सकता है। सूचना हमें इस पिछड़ेपन से लड़ने की शक्ति प्रदान करती है। आज जिसके पास अपने आसपास की, दुनिया की, और जीवन की बुनियादी आवश्यकताओं की जितनी अधिक और नवीनतम सूचना है, वह उतना ही शक्तिशाली और समर्थ है। लेकिन केवल सूचना पा लेना ही हमारी ताकत नहीं है, उस सूचना का हम कैसे उपयोग करें, यह महत्त्वपूर्ण है।

संचार एक व्यवस्था है। संचार–व्यवस्था संचार का मूल आधार है। व्यवस्था (system) का अर्थ है किसी खण्ड–उपखण्ड से परे एक पूर्णत्त्व' (Completeness)। इन खण्डों की प्रक्रिया पूर्णता से ही सन्दर्भित होती है। इसके बिना खण्डों–उपखण्डों का कोई मूल्य नहीं। अतः प्रत्येक नियन्त्रित व्यवस्था में तीन अन्तःक्रियाएँ सम्मिलित रहती हैं–1. सूचना, 2. मूल्य एवं प्राथमिकताएँ, 3. व्यवहार अथवा अभिव्यक्ति। इन्हीं तीन आयामों से युक्त प्रक्रिया को 'व्यवस्था' का नाम दिया जा सकता है।

यहीं संचार की प्रक्रिया का संक्षिप्त रूप सामने रखा जा सकता है। इस प्रक्रिया में सामान्यतः एक सिरे पर 'वक्ता' होता है, जो सूचना का स्रोत है, दूसरे सिरे पर सूचना का प्राप्तकर्ता होता है, जो सूचना का लक्ष्य है। बीच में होता है माध्यम। इस माध्यम से ही सूचना या सन्देश ग्रहणकर्ता तक पहुँचता है। लेकिन 'संचार' की प्रक्रिया तब तक अधूरी ही कही जायेगी, जब तक कि सूचना के ग्रहणकर्ता या लक्ष्य (श्रोता) की ओर से कोई प्रतिक्रिया न मिले। इस प्रतिक्रिया को 'फीडबैक' कहा जाता है। वास्तव में 'फीडबैक' संचार को प्रभावी बनाती है।

संचार–प्रक्रिया के अनेक अध्येताओं में से एक लासवेल ने संचार प्रारूप को बहुत ही अच्छी तरह समझाया था। उसने सरलतापूर्वक समझाया कि संचार–प्रक्रिया में पाँच प्रश्न महत्त्वपूर्ण हैं–कौन? क्या कहता है? किस माध्यम से? किससे? तथा किस प्रभाव के साथ? इन पाँच 'ककारों' में संचार के पाँच घटक समा जाते हैं। ये घटक हैं क्रमशः–प्रेषक (स्रोत), सन्देश (सन्दर्भ), संचार–माध्यम, श्रोता और प्रभाव। यह प्रभाव प्रतिक्रिया से जाना जा सकता है।

यह व्यवस्था का ही अंग है कि संचार की प्रक्रिया विभिन्न तरह के माध्यमों द्वारा सम्पन्न होती है। जैसे–जैसे हमने औद्योगिक प्रगति की है, विज्ञानं ने हमें नित नवीन सुविकसित संचार–माध्यम प्रदान किये हैं। हमारी जैसी आवश्यकताएँ हैं, हम उनके अनुसार इन संचार–माध्यमों का उपयोग कर लेते हैं। सामान्य वार्तालाप और पत्र से लेकर, टेलीफोन, मोबाइल फोन, रेडियो, टेलीविजन, कम्प्यूटर, इण्टरनेट, सी.डी. तक न जाने कितने ही संचार–माध्यम हैं, जो सूचना के प्रसार का काम कर रहे हैं। इन्हें संयुक्त रूप से 'सूचनातन्त्र' कहा जाता है।

यहीं से 'जनसंचार' (Mass-communication) की अवधारणा साकार होने लगती है।

'जनसंचार' (Mass-communication)

व्युत्पत्ति की दृष्टि से, 'जनसंचार' शब्द 'संचार' में 'जन' के योग से बना है। 'संचार' सीमित अर्थ का वाचक भी हो सकता है, लेकिन इसमें जन' जुड़कर इसको व्यापक बना देता है। इस विचार से सरल शब्दों में कहें तो, कहेंगे कि जब 'संचार की प्रक्रिया सामूहिक पैमाने पर व्यापक स्तर पर होती है, तब वह 'जनसंचार' कहलाता है।'

'संचार' के कई स्तर होते हैं। मुख्य रूप से ये स्तर हैं–

1. आन्तर व्यक्ति स्तर (Intra Personal level) : व्यक्ति स्तर पर, उसका निजी चिन्तन–मनन, अपने आपसे ही बात करना या भूत, वर्तमान एवं भविष्य की घटनाओं पर सोच–विचार व्यक्तिगत आंतरिक स्तर के संचार के उदाहरण हैं।

2. अन्तर्व्यक्ति स्तर (Inter Personal level) : व्यक्ति–व्यक्ति के बीच सम्पर्क, बातचीत, टेलीफोनवार्ता अथवा एक व्यक्ति द्वारा कुछ लोगों के बीच विचार–विमर्श में अन्तर्व्यक्ति स्तर के संचार की स्थिति बनती है।

3. समूह स्तर (Group level) : किसी समान उद्देश्य के लिए एकत्र लोगों के बीच सूचना–समाचार या सबके लिए समान रूप से उपयोगी सन्देश या निर्देश को प्रसारित करना समूह स्तर का संचार है। जनसभा, संगोष्ठी, वाद–विवाद, परिचर्चा, नृत्य–नाट्य, भाषण, कार्यालयी बैठकें आदि इसके अच्छे उदाहरण हैं।

4. जन स्तर (Mass level) : इसके अन्तर्गत व्यापक स्तर पर सूचना, समाचार या मनोरंजन को पहुँचाना सम्मिलित है। दुनियाभर में फैले, दूर–दूर तक बिखरे, तमाम तरह के समाज के लोगों तक सूचना या सन्देश पहुँचाना आज अनेक तरह के वैज्ञानिक उपकरणों से सम्भव हो गया है। समाचार–पत्र, पत्रिकाएँ, रेडियो, टेलीविजन, इण्टरनेट आदि यही काम करते हैं।

इस तरह हम देखते हैं कि 'जनसंचार' संचार की एक व्यापक प्रक्रिया है। इसमें व्यापक जनसमूह, तरह–तरह की भाषा–संस्कृति, सोच–विचार, ऐतिहासिक–भौगोलिक अवस्थितियों के लोग सम्मिलित होते हैं।

डेनिस मैक्वेल ने जनसंचार की विशेषताएँ इस प्रकार बताई हैं।

1. जनसंचार के लिए औपचारिक एवं व्यवस्थित संगठन का होना जरूरी है, क्योंकि सन्देश को किसी माध्यम द्वारा विशाल जनसमूह तक पहुँचाना होता है।
2. यह संचार विशाल, अपरिचित जनसमूह के लिए किया जाता है।
3. जनसंचार के माध्यम सार्वजनिक होते हैं। इनमें भाषा अथवा वर्ग के लिए, कोई भेदभाव नहीं होता।
4. श्रोताओं की संरचना विजातीय होती है। वे विभिन्न तरह के संस्कृति–वर्ग एवं भाषा से सम्बन्धित होते हैं।
5. इस संचार द्वारा दूर–दराज के क्षेत्रों में एक ही समय पर सम्पर्क सम्भव है।

'जनसंचार' की अवधारणा वास्तव में आधुनिक युग की देन है। वर्तमान औद्योगिक एवं तकनीकी विकास ने इसे सुदृढ़ आधार प्रदान किया है। प्राचीन समय में जब लोग छोटे–छोटे समूहों में निवास करते थे, तब आमने–सामने के सम्पर्क से एक–दूसरे से जुड़े रहते थे। वर्तमान समय में स्थिति बदल गयी है। लाखों लोगों तक सूचनाएँ एक साथ और त्वरित गति से जनसंचार–माध्यमों की सहायता से पहुँच जाती हैं। यह तकनीकी क्रान्ति का परिणाम है।

जनसंचार समूह संचार से भिन्न वह प्रक्रिया है, जिसमें 'व्यक्तिवादिता' का उन्मूलन हो जाता है। यह संचार–प्रक्रिया औद्योगिक समाज की देन है, क्योंकि पूरी तरह तकनीकी तथा संस्था–आधारित है। इसका चरित्र औद्योगिक हो गया है, इसलिए व्यापक रूप में सूचना, सन्देश और मनोरंजन का 'उत्पादन' किया जाता है, फिर उसका 'विपणन'। फिर भी इसका मुख्य उद्देश्य होता है––शिक्षा, जागरूकता और मनोरंजन। इस उद्देश्य की पूर्ति के लिए 'जनसंचार–माध्यमों' का उपयोग किया जाता है।

संचार प्रौद्योगिकी की चुनौतियाँ

'प्रौद्योगिकी' का शाब्दिक अर्थ है––'कला' अथवा 'हस्तकला'। अपने संकुचित अर्थ में 'प्रौद्योगिकी' औद्योगिक क्रियाओं से सम्बन्धित है। लेकिन व्यापक अर्थ में सभी पदार्थों के साथ होने वाली सभी तरह की प्रक्रियाएँ प्रौद्योगिकी के अन्तर्गत आती हैं। लेकिन वास्तव में 'प्रौद्योगिकी' का विस्तृत अर्थ है– चीजों या कार्यों को बनाने अथवा करने का तरीका। प्रौद्योगिकी का ज्ञान वह व्यावहारिक ज्ञान है, जिसे अक्सरं सीखना पड़ता है और हस्तचालित कौशल अथवा प्रयोगात्मक विज्ञान के रूप में इस पर अधिकार करना पड़ता है। उसमें दक्ष होना होता है। यों प्रौद्योगिकी का वास्तविक अर्थ, "विशिष्ट सैद्धान्तिक ज्ञान का व्यावहारिक ज्ञान में रूपान्तरण" है। यह Application of knowledge है। इसे ज्ञान की उस शाखा के रूप में जाना जाता है जिसक सरोकार यान्त्रिकीय कला अथवा प्रयोजनमूलक विज्ञान अथवा दोनों के समन्वित रूप से होता है। समग्रतः प्रौद्योगिकी को उस, साधन के रूप में देखा जा सकता है, जिसके माध्यम से मनुष्य अपने परिवेश पर अपना नियन्त्रण रखता है।

'प्रौद्योगिकी' ने सदैव ही मानव–समाज की दिशा बदली है। इसने मानव को अपने परिवेश तथा परिस्थिति के प्रति सचेत रहने की दृष्टि दी

है। प्रौद्योगिकी ने ही मनुष्य को एक शक्ति दी है, ताकि वह प्रकृति से जूझते हुए अपने जीवन को निरन्तर उन्नत करे।

भ्रमवश विभिन्न परिवेश तथा विभिन्न स्तर के लोगों के लिए प्रौद्योगिकी का अर्थ अलग–अलग है। व्यवसायी और कारखाने के कर्मचारी भारी भरकम मशीनों को, सामान्य जन घर–परिवार और जीवन के विभिन्न क्षेत्रों में काम आने वाले उपकरणों, कम्प्यूटर, कैलकुलेटर, कार, स्कूटर या यातायात के अन्य साधनों, युद्ध–सामग्री, अस्त्र–शस्त्रादि को, गृहिणियाँ घर में काम आने वाले आरामदायक उपकरणों–वाशिंग मशीन, हीटर, फ्रिज, गैस–चूल्हे, रेडियो, टेलीविजन, सीडी प्लेयर आदि को ही प्रौद्योगिकी समझती हैं। वस्तुतः प्रौद्योगिकी का सम्बन्ध आज केवल उन वस्तुओं से ही नहीं रह गया है, जैसा कि हम सामान्यतः समझते हैं, बल्कि अब ऐसी सभी चीजें प्रौद्योगिकी के अन्तर्गत आती हैं, जिनके सहयोग से हम अपने पर्यावरण पर नियन्त्रण करते हैं, अपने रोजमर्रा के जीवन में जिनका उपयोग करते हैं और अपना जीवन सुखमय एवं परिष्कृत करने का प्रयास करते हैं। इसके अन्तर्गत छोटे–मोटे औजारों से लेकर, भारी–भरकम तथा जटिल यन्त्रों, नवीनतम वैज्ञानिक उपकरणों, संसाधनों और सूक्ष्मतम पदार्थों–जीवों, प्रक्रियाओं आदि सभी कुछ आ जाता है।

जहाँ तक **जनसंचार प्रौद्योगिकी** का सम्बन्ध है, यह **सूचना प्रौद्योगिकी** का हिस्सा है। विभिन्न ज्ञानजनित प्रौद्योगिकियों के बीच 'सूचना प्रौद्योगिकी' (Information Technology) आज विश्वभर की हलचल का आधार बन चुकी है। आज सारा विश्व एक तीव्रगामी परिवर्तन के दौर से गुजर रहा है। मुख्य रूप से उसका आर्थिक तन्त्र जटिल हो गया है और वह जीवन के प्रत्येक क्षेत्र को प्रभावित कर रहा है। इसके मूल में कम्प्यूटर, दूरसंचार व्यवस्था और जनसंचार–माध्यम सक्रिय हैं। इसका उपयोग पूँजी बाजार, बैंकिंग, पुस्तकालय, शिक्षा तथा अनुसंधान, मौसम विज्ञान, अन्तरिक्ष तथा दुनियाभर में उपलब्ध विभिन्न विज्ञान एवं प्रौद्योगिकी सम्बन्धी नवीनतम ज्ञान और त्वरित गति से आँकड़ों एवं सूचनाओं के आदान–प्रदान, जनसंचार, मुद्रण–प्रकाशन और मनोरंजन के क्षेत्र में अत्यन्त व्यापक रूप में हो रहा है। इससे लाभ यह हुआ है कि विभिन्न सामाजिक–आर्थिक, औद्योगिक और वैज्ञानिक क्रियाकलापों में आपसी सहयोग एवं भागीदारी बढ़ी है। आज सूचना एवं जनसंचार प्रौद्योगिकी अपने आप में एक विशाल उद्योग है, जिसमें करोड़ों लोगों को व्यवसाय तथा रोजगार भी प्राप्त हुआ है। साथ ही इससे दुनिया का जीवनस्तर

भी उन्नत हुआ है। जनसंचार प्रौद्योगिकी ने जनसंचार के परम्परागत और आधुनिक–दोनों तरह के माध्यमों में अभूतपूर्व बदलाव ला दिया है। जैसे–प्रिण्ट मीडिया और इलैक्ट्रॉनिक मीडिया एक–दूसरे के पूरक बनते चले गये हैं, साथ ही सहायक भी। रेडियो–टेलीविजन आदि के विकास में ही नयी संचार तकनीक, जैसे–ई–मेल, फैसीमाइल (फैक्स), ट्रांसमिशन, वीडियो टेक्स्ट, टेलीटेक्स्ट, इलैक्ट्रिक बुलेटिन बोर्ड आदि विकसित किये हैं। इनके साथ ही 'सूचना समाज; का विकास हुआ है।

लेकिन सूचना एवं संचार प्रौद्योगिकी के सम्मुख चुनौतियाँ भी बहुत सारी हैं। इसका दूसरा पक्ष यह भी है कि हमारे समाज के समक्ष इस प्रौद्योगिकी ने भी अनेक तरह की चुनौतियों को जन्म दिया है। इसे हम 'माध्यम साम्राज्यवाद' के नाम से अच्छी तरह समझ सकते हैं।

जनमाध्यमों के सामाजिक–राजनीतिक और आर्थिक अध्येता यह कहते हैं कि 'माध्यम साम्राज्यवाद' आज एक ठोस सच्चाई है। इसके प्रभाव गहरे और दूरगामी हैं। वे सचेत करते नहीं भूलते कि इस प्रौद्योगिकी ने हमारे समाज का चेहरा बदल दिया है और यह बदलाव अन्ततः हितकर नहीं है। बदलाव की यह दिशा मनुष्य–विरोधी है।

संक्षेप में, सचेत अध्येताओं का विचार यह है कि, "जनमाध्यम प्रभुत्वशाली वर्गों के सांस्कृतिक प्रभुत्व के उपकरण हैं। इनसे सांस्कृतिक उन्नति अर्जित नहीं की जा सकती। ये सांस्कृतिक समानता के बजाये सांस्कृतिक वैषम्य एवं सांस्कृतिक दारिद्रय पैदा करते हैं। इसके अनुकूल आम लोगों को ढालते हैं, माहौल बनाते हैं। माहौल बनाते समय वस्तुओं के खरीदने पर जोर देते हैं। वस्तुओं को ही संस्कृति का पर्याय बना देते हैं। अब वस्तुओं की उपस्थिति ही सांस्कृतिक होने का प्रमाण बन जाती है।" (पठनीय, जगदीश्वर चतुर्वेदी, माध्यम साम्राज्यवाद, 2002, पृष्ठ 10) फिल्म उद्योग से लेकर प्रिण्ट मीडिया, रेडियो, टेलीविजन, इण्टरनेट सब पर पूँजीवादी व्यवस्था का कब्जा है।

ऐतिहासिक दृष्टि से देखें तो हम पायेंगे कि 'माध्यम साम्राज्यवाद' का आरम्भ प्रेस एजेंसियों से हुआ। बाद में फिल्म, रेडियो, टेलीविजन, पुस्तक प्रकाशन और विज्ञापन के क्षेत्र में इसने अपना विस्तार किया। बीसवीं शताब्दी के पूर्वार्द्ध में रेडियो और सिनेमा के उदय ने भूमण्डलीय माध्यम परिदृश्य का निर्माण करने में केन्द्रीय भूमिका निभाई। इस परिदृश्य में यह साफ है कि 'माध्यम साम्राज्यवाद' ने हमेशा 'माध्यम' और 'सांस्कृतिक अभाव' का इस्तेमाल किया है तथा स्थानीय माध्यम संस्थानों के साथ सहयोग एवं

व्यापार का विस्तार करते हुए अपनी जड़ें मजबूत की हैं। अपनी जड़ों का विस्तार किया है। इस क्रम में स्थानीय राजनीतिक प्रक्रिया को भी अपनी तरह से प्रभावित और कहें कि अनुकूलित किया है। विमर्श के नये–नये मुद्दे प्रक्षेपित और आरोपित किये हैं। जीवन–शैली, आदतों, रीति–रिवाजों आदि में तीव्र गति से बदलाव किया है। इसमें उसका अपना हित है।

पहले फिल्मों ने हमारे समाज और संस्कृति को बदला। उसके नकारात्मक प्रभाव सामने आते रहे हैं। ऊपर–ऊपर से दिखाई देता है कि फिल्मों से हमें मनोरंजन मिलता है। लेकिन, जैसा कि जगदीश्वर चतुर्वेदी का कहना है, ''गम्भीर बात यह है कि ऐसा मनोरंजन मिलता है जो सांस्कृतिक मॉडलों, हीरोइनों, हीरो को निष्क्रिय और भावुक ग्रहणकर्ता बना देता है। यह कार्य असम्बद्ध इमेजों के जरिए किया जाता है। अधिकतर फिल्में इस सिद्धान्त का प्रचार करती हैं कि देखना ही विश्वास करना है। स्टीरियोटाइप इमेजों के जरिए व्यक्तिवाद और 'कल्ट' को विशेष रूप से उभारा जाता है। ये चरित्र वर्गीय संरचना को विरूपित करते हैं। फिल्मों का सबसे ज्यादा प्रभाव किशोरों और बच्चों के ऊपर पड़ता है। वे इन फिल्मों से हिंसा और निर्दयता के संस्कारों, वैचारिक और आत्मिक मूल्यों के अस्वीकार, नस्ली–साम्प्रदायिक एवं जातीय असहिष्णुता सीखते हैं। अधिकांश फिल्मों की अन्तर्वस्तु अपराध, अपराधियों के कारनामों, आत्महत्या, तरह–तरह की मानसिक विकृतियों, डकैती, मादक पदार्थों का व्यापार, गिरोह युद्ध, लोगों के साथ मारपीट, हत्या और पुलिस विषयक होती हैं।'' (इसमें कमजोर वर्ग और स्त्रियों पर किये जाने वाले अत्याचार तथा राजनीतिक अपराध और जोड़ लें) इसके पीछे पूँजी का खेल है। फिल्म उद्योग की आय बड़ी तेजी से बढ़ रही है। सिनेमाघरों का विशाल नेटवर्क है। इस नेटवर्क में सम्मिलित हैं–सिनेमाघर, जुआघर, शराबघर, मनोरंजन–केन्द्र, व्यापार केन्द्र आदि। इस पूरे नेटवर्क को 'बाजार संस्कृति का सांस्कृतिक केन्द्र' कहा जा सकता है। बड़ी पूँजी से संचालित इन केन्द्रों में अत्याधुनिक सुविधायें हैं, बेहतरीन तकनीकी सुविधायें, साज–सज्जा आदि के कारण व्यापक पैमाने पर आम जनता इनकी ओर आकर्षित होती है।

रेडियो और समाचारपत्र फिल्मों से भिन्न हैं। ये वैचारिक दृष्टि से हमें मनचाही दिशा में ले जाने के लिए प्रयुक्त होते हैं। आज इन पर बहुराष्ट्रीय कम्पनियों का प्रभुत्व बढ़ता चला जा रहा है। संचार एवं मुद्रण की तकनीक में तेजी से हो रहा बदलाव सुखद तो लगता है, लेकिन अन्दरूनी कहानी यह है कि आज प्रेस, रेडियो या टेलीविजन की स्थापना

में लागत बहुत आती है। अब यह करोड़ों–अरबों रुपयों का कारोबार है। ऐसी स्थिति में माध्यमों का तेजी से व्यवसायीकरण हुआ है। इसका गम्भीर परिणाम यह हुआ है कि माध्यमों के स्वामित्व की प्रकृति बदल गयी है। यह स्वामित्व चन्द हाथों में सिकुड़कर रह गया है। ये लोग अपने हितों के अनुसार सूचना–समाचार बनाते और परोसते हैं। आज के साम्राज्यवादी प्रेस की प्रकृति के बारे में 'फोर्ड फाउण्डेशन' के व्यवहार विज्ञान के निदेशक ने कहा है, "अब प्रेस पाठक के ज्ञान का चरम बिन्दु होने का दावा पैदा करता है। कुछ खास बिन्दुओं या सूत्रों के अलावा पाठक की स्मृति में कुछ भी शेष नहीं बचता, वह पाठक की आलोचनात्मक निर्णय–क्षमता को तटस्थ बना देता है। मसलन, रविवार या शनिवार के दिन या किसी अन्य दिन दैनिक–पत्रों में इतनी सामग्री भरी होती है कि गम्भीर या भयानक खबर का स्वरूप प्रभावहीन हो जाता है।'' (इसमें विज्ञापनों की भीड़ और जोड़ लें।) "दैनिक पत्रों की रणनीति होती है कि वे किसी खास मुद्दे पर केन्द्रित खबरें देते हैं इससे पाठक को राय बनाने में मदद मिलती है। विषय की इमेज विकसित करने के बहाने सूचनाएँ प्रदान करना इनका प्रधान लक्ष्य होता है। इमेज का विखण्डन, तुलना, प्रस्तावित लक्ष्य, नये शब्दों का निर्माण, एकलक्षक, प्रतीकात्मक प्रस्तुति इसकी विशेषताएँ हैं। प्रतीकात्मक प्रस्तुति से भविष्य में मनमानी दिशा में खबर का विकास करने की सम्भावना बनी रहती है।"

इसी क्रम में हम टेलीविजन समाचारों की स्थिति पर विचार करें। उनमें 'सत्य' पर कितना बल दिया जाता है? 'सत्य' वहाँ रोचक अथवा 'चमत्कारपूर्ण ढंग से 'रचा' या 'गढ़ा' जाता है। 'सनसनी' और 'छबियाँ' उसका मूल तत्त्व बन जाते हैं। इससे भी दो कदम आगे चलकर देखें। टेलीविजन समाचारों के बीच में जो व्याख्याकार बुलाए जाते हैं उनकी टिप्पणियाँ अक्सर इस तरह की होती हैं कि उनमें सारतत्त्व कुछ नहीं होता। वे किसी समाचार का गम्भीर विश्लेषण नहीं करते। कई बार समाचार की दिशा भी मोड़ देते हैं। उसे हल्का बना देते हैं। यहाँ तक कि उसके सामाजिक और मानवीय सरोकार भी दब जाते हैं। इससे समाचार की गम्भीरता नष्ट हो जाती है। समाचारों में ऐसा हस्तक्षेप समाचार को हल्का, सरल और चलताऊ बना देता है।

ध्यान दें कि आज की संचार प्रौद्योगिकी के कारण, माध्यम जगत् में तीन फिनोमिना या संवृत्तियाँ साफ तौर पर दिखाई दे रही हैं– 1. विखण्डन, 2. भूमण्डलीकरण और 3. केन्द्रीकरण। ये तीनों **अन्तर्ग्रथित** हैं।

विखण्डन का अर्थ है, खण्ड–खण्ड रूप में नये चैनलों का उदय। ये चैनल तरह–तरह के सामाजिक समूहों और उपभोक्ताओं को सम्बोधित होते हैं। इनका लक्ष्य कम से कम लोगों तक पहुँचना होता है। इनके पहुँचने की तकनीक है–टेलीविजन, केबल टेलीविजन, उपग्रह चैनल, वीडियो कैसेट रिकॉर्डर आदि। **भूमण्डलीकरण** का अर्थ है–विखण्डन एवं केन्द्रीकरण के फिनोमिना का राष्ट्रीय सीमाओं के बाहर विस्तार। **केन्द्रीकरण** का अर्थ है–जनमाध्यमों के विराटकाय संस्थानों का उदय। विराटकाय यानी बहुराष्ट्रीय कम्पनियों का उदय। इन कम्पनियों के द्वारा भिन्न–भिन्न माध्यमों के लिए विविधतापूर्ण सामग्री का निर्माण और उसका वितरण।

यह 'निर्माण और वितरण' किस तरह का है? यह प्रश्न विचारणीय है। विचारणीय यह भी है कि जनमाध्यमों की प्रकृति और भूमिका क्या हो गयी है? वस्तुतः ये दोनों ही प्रश्न एक ही सिक्के के दो पहलू हैं। उसका संक्षिप्त उत्तर यह है कि, "जनमाध्यमों की विशालकाय प्रकृति एवं व्यापक जनता तक पहुँच को देखें और उनकी भूमिका को देखें तो यह पायेंगे कि ये माध्यम मात्र प्रचार के उपकरण हैं। उत्पादन, पुनरुत्पादन और सामाजिक शक्तियों के विकास में इनकी कोई भूमिका नजर नहीं आती। इसके विपरीत सामाजिक विकास की गति धीमी हुई है। औद्योगिक उत्पादन गिरा है। अशिक्षा, असमानता, बेकारी, गरीबी और पिछड़ेपन में वृद्धि हुई है। सम्पत्ति का विकेन्द्रीकरण हुआ है। गरीब और अधिक गरीब तथा अमीर और अधिक अमीर हुआ है। बहुराष्ट्रीय कम्पनियों द्वारा शोषण निरन्तर बढ़ रहा है। लगता है कि यह सब जनमाध्यमों की चिन्ता का विषय नहीं है। वे तो सिर्फ आनन्द ही आनन्द की वर्षा कर रहे हैं!"

टेलीविजन कार्यक्रमों का स्वरूप क्या है, यह हम सब अच्छी तरह जानते हैं। इसकी अच्छाई–बुराई पर हम स्वयं निर्णय कर लें।

विज्ञापन–जगत् की लीला ही न्यारी है। विज्ञापन पूँजीवादी व्यवस्था की कुंजी है। विज्ञापन के माध्यम से आम लोगों के रहन–सहन, जीवन–शैली, दिनचर्या, खान–पान, हावभाव, संस्कार, रीति–रिवाज, अभिरुचियों, इच्छाओं और विचारों की दुनिया को बदला जा सकता है। विज्ञापन के सन्दर्भ में यह बात केवल बाजार तक ही सीमित नहीं है, समाज और संस्कृति के सन्दर्भ में भी विचारणीय हो जाती है। विज्ञापनों में भौतिक वस्तुओं को ही सर्वोपरि और एक तरह से 'जीवन के अन्तिम लक्ष्य' के रूप में पेश किया जाता है। हँसमुख चेहरे, चमक–दमकपूर्ण इमेज, कामुकता जैसी चीजें उपभोक्ता की अतृप्त इच्छाओं को जगाती हैं। ग्लैमर की प्रस्तुति उसे जीवन

के यथार्थ से दूर ले जाती है। यहाँ जोर 'उपभोग की संस्कृति' पर रहता है। यहाँ 'माल का सौन्दर्यीकरण किया जाता है। उद्देश्य होता है पूँजी कमाना। उपभोक्ता के हितों पर ध्यान नहीं होता। न समाज और संस्कृति के मूल्यों पर। माल का विक्रय मुख्य लक्ष्य है। इस लक्ष्य के आगे वस्तु की तथ्यपूर्ण सूचनाएँ गायब कर दी जाती हैं। माल का निर्माता उपयोग मूल्य का वादा करने के स्थान पर जवानी, तन्दुरुस्ती, सुन्दरता, प्रेम आदि का वादा करने लगता है। इसमें उपभोक्ता को 'फुसलाने और उसकी चाटुकारिता करने का तत्त्व प्रधान हो जाता है।

यहीं से फैशन की यात्रा शुरू हो जाती है। फैशन का लक्ष्य होता है, जो इसके दायरे में नहीं हैं, उन्हें भी इसके दायरे में लाया जाये! यहाँ तथाकथित 'नयापन' और 'अनुकरण' मुख्य कारक होता है। फैशन में वस्तुएँ विलक्षण माल की तरह आती हैं। सच तो यह है कि, "फैशन मिथ्याभास सामूहिकता को काल्पनिक इमेज देता है। माल के समाज में जो कुछ मौजूद है उसे विकृत करता है। कुंठित करता है।"

जनसंचार प्रौद्योगिकी के सामाजिक प्रभाव का एक पक्ष यह भी है कि इन चीजों के गठजोड़ से कामुकता का प्रसार होता है। कामुकता और पोर्नोग्राफी या अश्लीलता का पक्ष सांस्कृतिक, और नैतिक मूल्यों से जुड़ा है। **रॉबिन मॉर्गन** के शब्दों में, "पोर्नोग्राफी सिद्धान्त है और बलात्कार अभ्यास।" कहने का अर्थ यह है कि पोर्नोग्राफी या कामुकता की बाढ़ में स्त्रियों के प्रति हिंसाचार बढ़ता है। हिंसा को दिलोदिमाग में उतारने में सहायता मिलती है। कामुक सामग्री का व्यापक उपयोग जीवन की आक्रामकता और प्रतिगामिता को बढ़ाता है। यह एक ऐसी मनोभूमि तैयार करता है जो सामाजिक परिवर्तन की विरोधी है। फिल्मों; उपग्रह चैनलों, केबल चैनलों एवं वी.सी.आर. की तकनीक आने के बाद पोर्नोग्राफी या कामुकता को व्यापक प्रसार मिला है। इससे स्त्री की इमेज को धक्का पहुँचा है और समाज में नारी की छवि केवल सैक्स से जुड़ गयी है। उस पर अत्याचार बढ़े हैं। अनेक अध्ययनों से यह निष्कर्ष सामने आया है कि फिल्मों तथा टेलीविजन कार्यक्रमों में हिंसा और स्त्री का अन्तःसम्बन्ध है। विभिन्न जनसंचार–माध्यमों में स्त्री चार रूपों में देखी जा सकती है–1. स्त्री एक शरीर के रूप में। 2. घरेलू श्रमिक के रूप में। 3. वेतनभोगी श्रमिक के रूप में। 4. वयस्क स्त्री एवं रोमांस। इन माध्यमों में स्त्रियों के चित्रों और चरित्रों का कैसा प्रदर्शन होता है, यह किसी से छिपा नहीं है। यों हम देखें तो जनसंचार–माध्यमों में स्त्री छाई हुई है। लेकिन उसकी

छवि स्टीरियोटाइप रूप में ही मिलती है। इसी को सार्वभौम छवि के रूप में परोसा जा रहा है। ये माध्यम उसे पुरुष के नकारात्मक नजरिए से ही अधिक देखते हैं। उनका दृष्टिकोण यह रहता है कि, 'सामाजिक जीवन में औरत के परिवर्तन का अर्थ सिर्फ यह है कि वह पिछड़ी हुई है। इसलिए आधुनिकता के साथ अपने को एकाकार करे। यह ऐसी औरत है जो आकांक्षाओं एवं उपभोग की सम्भावनाओं से चौंधियाई हुई है। वह आधुनिकता की मुस्कान है। वह अमूमन फैशन, भोजन, सजावट, घरेलू–कामकाज या पति–बच्चों की सेवा में मशगूल है। यह ऐसी औरत है जो सामाजिक व्यवस्था के खिलाफ आक्रामक रुख अख्तियार नहीं करती। अमूमन स्त्रियों की जो छवि प्रस्तुत की जाती है वह बुद्धिजीवी एवं बौद्धिकता–विरोधी है, मूर्ख है, हास्य की पात्र है। उसके तर्कों एवं मुक्ति के उपायों को स्त्रीत्व के दायरे में ही पेश किया जाता है। स्त्रीत्व का परिवेश प्रतिगामी दृष्टिकोण के आधार पर निर्मित किया जाता है। इसमें मूलतः रोमानियत, इश्कबाजी या पुरुषत्व से पैदा होने वाले तनावों को उभारा जाता है।'' (पठनीय, जगदीश्वर चतुर्वेदी, माध्यम साम्राज्यवाद, पृष्ठ 91–92)

इण्टरनेट ने एक नया सूचना संसार हमारे सम्मुख खोला है। दुनिया के लिए एक खिड़की की तरह। लेकिन यहाँ कामुकता और पोर्नोग्राफी के खतरे सबसे ज्यादा हैं। टेलीविजन ने विश्व बाजार का जो नया परिदृश्य निर्मित किया है, उसे इण्टरनेट ने और विस्तृत कर दिया है। जनसंचार–माध्यम और प्रौद्योगिकी के सन्दर्भ में देखें तो आज समाचार–पत्र, रेडियो, टेलीविजन, फिल्म आदि एक ही साथ इण्टरनेट पर उपलब्ध हैं। स्वाभाविक है कि इन सबकी अच्छाई–बुराई भी एक साथ यहाँ मिलेंगी। ध्यान देने की बात यह है कि इण्टरनेट पर बुराइयों को रोकने का कोई ठोस कानून अभी तक नहीं बन सका है। परिणामतः साइबर अपराध बढ़ रहे हैं। नये किस्म के अपराधों में वृद्धि हो रही है। इण्टरनेट क्योंकि विश्व–माध्यम हैं, इसलिए इससे होने वाले अपराध कभी भी और कहीं से भी हो सकते हैं।''

ये और ऐसी ही चिन्ताओं तथा चुनौतियों से सारी दुनिया चिन्तित है। सारी दुनिया चिन्तित न भी हो, भारतीय समाज अवश्य चिन्तित होना चाहिए। ये सब चिन्ताएँ संचार प्रौद्योगिकी–जनित हैं। लेकिन दूसरी ओर सच यह भी है कि इसमें संचार प्रौद्योगिकी का क्या दोष? दोष तो प्रौद्योगिकी के इस्तेमाल का है। उसे इस्तेमाल करने वाले दिमागों और हाथों का है। यही हमारे तथा संचार प्रौद्योगिकी के लिए सच्ची चुनौती है। स्थिति तब

बदल सकती है जब सूचना–संचार प्रौद्योगिकी का इस्तेमाल सही उद्देश्यों के लिए हो और इसका पूँजीवादी चरित्र बदले। इसे लोककल्याणकारी बनाना होगा। माध्यमों को वैज्ञानिक दृष्टिकोण अपनाते हुए इस्तेमाल करना होगा। यह तभी सम्भव हो पाएगा, जब उनका नियन्त्रण सही हाथों हो। व्यापक मानव–समाज के हितों को ध्यान में रखकर हमें नीतियाँ बनानी होंगी। समाज में वैज्ञानिक तकनीक अथवा प्रौद्योगिकी का विकास सच्चे अर्थ में तभी सम्भव है, जब समाज में रहने वाले लोगों का दृष्टिकोण भी वैज्ञानिक हो। उनकी चेतना भी तकनीकी हो। ज्ञान के धरातल पर वैज्ञानिक चेतना–शून्य समाज में प्रौद्योगिकी के सही प्रयोग की सम्भावनाएँ नहीं हुआ करतीं। हमें इसी अँधेरे के विरुद्ध संघर्ष करना है। तभी हम जनसंचार प्रौद्योगिकी के वास्तविक महत्त्व को समझ पायेंगे। समझ पायेंगे कि जनसंचार प्रौद्योगिकी का वास्तविक कार्य समाज के कल्याण के लिए है, उसके समग्र विकास के लिए है। उसे एक जागरूक प्रहरी, अभिभावक, शिक्षक, दिशा–निर्देशक, मित्र तथा रचनात्मक आलोचक की भूमिका का निर्वाह करना चाहिए।

अन्त में हम मीडिया प्रोफेक्ट के रूप में प्रसिद्ध पाश्चात्य विचारक मार्शल मैकलुहान के एक कथन को उद्धृत करना चाहेंगे। उन्होंने कहा है, "हमारे चारों ओर के माहौल की प्रौद्योगिकी किस प्रकार बनती है, यह जानकर ही हम उसके निर्णायक प्रभावों को रोक सकते हैं। मेरी चिन्ता यही है कि लोग इन निर्णायक प्रभावों के खतरों की अवहेलना कर रहे हैं। प्रौद्योगिकी के प्रभाव तो होंगे ही, लेकिन यान्त्रिकता मनुष्य के विवेक पर हावी नहीं होनी चाहिए। यदि हम यान्त्रिकता से उत्पन्न जटिलताओं को सही तौर पर समझ लें तो इसके दुष्प्रभावों को समय रहते रोक भी सकते हैं। उन्हें रोकने के लिए दूसरे उपाय भी ढूँढ़ सकते हैं।"

संचार–माध्यमों के प्रकार

संचार–माध्यम सामान्यतः 'मीडिया' के पर्याय के रूप में जाने जाते हैं। 'मीडिया' पत्रकारिता के क्षेत्र का शब्द है। इस तरह संचार–माध्यम ऐसे माध्यमों को कहेंगे, जो सूचना, समाचार आदि के संचरण अथवा सम्प्रेषण से जुड़े हैं।

संचार की प्रक्रिया विभिन्न तरह के माध्यमों द्वारा सम्पन्न होती है। जैसे–जैसे हमने औद्योगिक प्रगति की है, विज्ञान ने हमें नित नवीन सुविकसित संचार–माध्यम प्रदान किये हैं। हमारी जैसी आवश्यकताएँ हैं, हम उनके अनुसार इन संचार–माध्यमों का उपयोग कर लेते हैं। सामान्य वार्तालाप और पत्र से लेकर, टेलीफोन, मोबाइल फोन, रेडियो, टेलीविजन, कम्प्यूटर, इण्टरनेट, सी.डी. तक न जाने कितने ही संचार–माध्यम हैं, जो सूचना के प्रसार का काम कर रहे हैं। इन्हें संयुक्त रूप से 'सूचनातन्त्र' कहा जाता है।

यों संचार–माध्यम मूलतः दो वर्गों में रखे जाते हैं :

1. परम्परागत संचार–माध्यम

वे माध्यम हैं, जो ग्राम्य समाज को परम्परा से प्राप्त हुए हैं। इनमें विशेष सन्देश को स्थानीय लोकप्रिय स्वर में बदलने की शक्ति होती है। ये माध्यम सूचना और सन्देश के साथ ही मनोरंजन के भी साधन हैं। प्राचीनता के साथ नवीनता का समावेश इनका एक रेखांकित किये जाने–योग्य लक्षण है। इनका प्रभाव सूचना से अधिक संस्कृति, मनोरंजन और शिक्षा है। ये वस्तुतः सामाजिक उत्सव तथा भवावेशमयी अवस्थाओं के कला–उपकरण हैं। ये मुख्य रूप से मौखिक संचार करते हैं। जैसे–मुनादी, डुग्गी पीटना, रामलीला या अन्य लोकनाट्य रूप–तमाशा, जात्रा, भवाई, नौटंकी, कठपुतली, लोकगीत, सांग, ख़याल, कथा–गायन आदि। इनके अतिरिक्त लोककलाओं के रंग और संगीत तत्त्व प्रधान रूप भी परम्परागत संचार–माध्यम की श्रेणी में आते हैं।

परम्परागत संचार–माध्यम के एक अच्छे उदाहरण रूप में, हम 'वार्ता' को देखें। इसमें वार्ताकार और श्रोता दो पक्ष मुख्य होते थे, जिनमें परस्पर 'फीडबैक' की प्रक्रिया भी व्यवहृत होती थी। जैसे महाभारत के युद्ध के समय श्रीकृष्ण द्वारा अर्जुन को दिया गया 'गीता तत्त्वबोध' इसका बहुत अच्छा उदाहरण है। इसकी संचार–प्रक्रिया को निम्नांकित रूप में समझा जा सकता है–

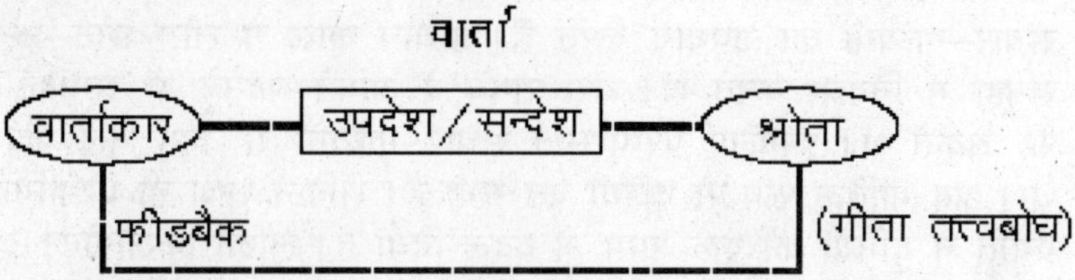

परम्परागत संचार–माध्यमों का अस्तित्व उनकी गतिशीलता, निरन्तर व्यवहार और लोक स्वीकृति में है, क्योंकि ये सांस्कृतिक दृष्टि से किसी भी समाज की महत्त्वपूर्ण धरोहर हैं।

डॉ. श्याम परमार एवं एच. के. रंगानाथ के अनुसार परम्परागत संचार–माध्यमों की मुख्य विशेषताएँ इस प्रकार हैं–

1. यह स्थानीय एवं बेहद करीबी हैं और देश के हर क्षेत्र के जनसमूह के साथ एकदम तालमेल बना लेते हैं।
2. इनका प्राथमिक सम्बन्ध भावनाओं से है, न कि किसी बुद्धिमत्ता से और इनमें प्रेरक संचार तुरन्त प्रतिक्रिया की ज्यादा सम्भावनाएँ हैं।
3. यह एक समुदाय से सम्बन्ध रखते हैं, न कि किसी व्यक्ति विशेष या सार्वजनिक उद्योग से। इन माध्यमों की गुणवत्ता तथा मात्रा पर नियन्त्रण के लिए कोई संगठित संस्था, व्यवस्था या व्यक्ति नहीं है।
4. यह जनता की भाषा, मुहावरों और संकेतों का प्रयोग करते हैं। इसके कारण ही इसमें अधिकतम भागीदारी मिलती है और ये सामुदायिक अनुष्ठानों के रूप में आयोजित होते हैं, जिसमें सभी भाग लेते हैं।
5. ये जनता की आवश्यकताओं के अनुसार संचार के तरीके और प्रसंगों को ग्रहण करते हैं। लीक से हटकर एकदम नये विषय के प्रसंग भी इन माध्यमों के द्वारा व्यक्त हो पाते हैं। इन माध्यमों का विकासशील देशों में विकासात्मक सूचना फैलाने में उपयोग हो सकता है।
6. पारम्परिक / लोक माध्यम अपेक्षाकृत सस्ते होते हैं। इन्हें आसानी

से ग्रहण किया जा सकता है। इनकी लोकप्रियता ग्रामीण क्षेत्रों में अधिक होती है।

2. आधुनिक संचार–माध्यम

ये संचार–माध्यम आधुनिक टेक्नोलॉजी की देन हैं। सामान्यतः हम सूचना को व्यापक समाज तक फैलाने अथवा कहें कि प्रसारित करने वाले आधुनिक संचार–माध्यमों का उपयोग करते हैं। प्राचीन काल में लोग छोटे–छोटे समूहों में निवास करते थे। उस समय वे आमने–सामने के सम्पर्क में रह सकते थे। इसलिए परम्परागत संचार–माध्यमों से काम चल जाता था। अब भौतिक रूप से दूरियाँ बढ़ गयी हैं। लेकिन साथ ही प्रौद्योगिक प्रगति ने दुनिया को एक 'ग्राम' में बदल दिया है। लाखों किलोमीटर दूर रहने वाले विभिन्न जाति, वर्ग, सम्प्रदाय और भाषाओं के लोग अब एक साथ संचार करने में समर्थ हो गये हैं। इस तकनीकी क्रान्ति ने आधुनिक संचार–माध्यमों को जन्म दिया है। क्योंकि ये अपने प्रभाव क्षेत्र में व्यापक दायरे को समेटते हैं और आधुनिक संचार उपकरणों की मदद से सूचना, समाचार, सन्देश को एक साथ व्यापक समाज तक पहुँचाते हैं, इसलिए इन्हें हम आधुनिक जनसंचार–माध्यम या जनमाध्यम कहते हैं।

आधुनिक संचार–माध्यमों में सूचना या सन्देश का व्यापक रूप में निर्माण और वितरण किया जाता है। ये सन्देश अस्थिर तथा क्षणभंगुर होते हैं। केवल उनका कुछ अंश ही स्थायित्व प्राप्त कर पाता है। एक तथ्य या सत्य कुछ समय के लिए सामने आता है, फिर जल्दी ही भुला दिया जाता है। नयी सूचना, नया तथ्य या नया सत्य उसका स्थान लेने के लिए तैयार रहता है।

इनका श्रोतावर्ग या पाठक वर्ग बिखरा हुआ होता है तथा सांस्कृतिक, सामाजिक, आर्थिक, राजनीतिक, भाषा, वर्ग, सम्प्रदाय आदि की दृष्टि से विविधता लिए हुए होता है।

आधुनिक जनसंचार–माध्यमों को हम तीन वर्गों में रख सकते हैं–

(अ) शब्द–संचार–माध्यम अथवा मुद्रण माध्यम

समाचार–पत्र, पत्रिकाएँ, पुस्तकें, पैंफलेट्स आदि।

(ब) श्रव्य–संचार–माध्यम

रेडियो, ऑडियो कैसेट, टेपरिकॉर्डर।

(स) दृश्य–संचार–माध्यम

टेलीविजन, वीडियो कैसेट, फिल्म आदि।

आज के इलैक्ट्रॉनिक युग में उपग्रह एवं कम्प्यूटर–प्रणाली के सहयोग से संचार–माध्यमों ने अधिक गति से काम करना शुरू किया है। इस विचार से हम व्यापक स्तर पर सूचना प्रसारित करने वाले संचार–माध्यमों को (संयुक्त रूप से कहें तो 'जन' माध्यमों को) इस रूप में वर्गीकृत करेंगे–

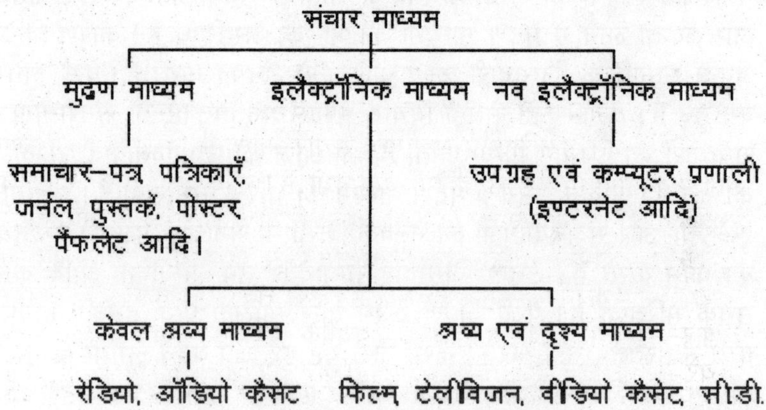

हम यहाँ पुनः याद दिला दें कि यह वर्गीकरण जन संचार–माध्यमों का है, केवल संचार–माध्यमों का नहीं है। यानी संचार का क्षेत्र जब तक दो व्यक्तियों तक सीमित है, तब तक तो हम सामान्य पत्र, टेलीफोन, पेजर, मोबाइल फोन/सेल्यूलर या सेल फोन, वायरलैस, फैक्स और कम्यूनिकेटर तक को ही संचार के माध्यम मानकर चलेंगे; किन्तु जैसे ही सूचना या सन्देश को अधिक से अधिक लोगों तक पहुँचाने का दायरा बढ़ जायेगा, वैसे ही इसमें अधिक से अधिक लोगों की भागीदारी बढ़ जायेगी और तब ये संचार–माध्यम जन माध्यम बन जायेंगे।

आइए संक्षेप में इन संचार–माध्यमों का परिचय प्राप्त करें।

1. मुद्रण माध्यम (प्रिण्ट मीडिया)

मुद्रण संचार–माध्यम वे हैं, जिनके द्वारा सूचना का संचार मुद्रित रूप में होता है। इसे ही प्रायः 'प्रिण्ट मीडिया' या 'प्रेस' कहा जाता है। यह आधुनिक संचार–माध्यम है, जिसमें नयी सूचना प्रौद्योगिकी अपना रचनात्मक योगदान कर रही है। मुद्रण के आविष्कार के साथ ही समाचार–पत्रों का प्रादुर्भाव हुआ। प्रिण्टिंग प्रेस में समाचार–पत्र, पत्रिकाओं, पैंफलेट्स, पोस्टर आदि को मुद्रित करा कर लोगों तक पहुँचाया जाता है। समाचार–पत्र, पत्रिकाएँ सच्चे अर्थों में मुद्रित जनमाध्यम हैं, जिन्होंने आधुनिक प्रौद्योगिकी

को अपनाते हुए निरन्तर विकास किया है। ये सबसे अधिक विश्वसनीय जनमाध्यम हैं, जो आज भी समाज में अपना महत्त्वपूर्ण स्थान बनाये हुए हैं। इनमें नवीनतम समाचार, उनका विश्लेषण, विवेचन और प्रभाव, साथ ही कहीं–कहीं भविष्य की दिशाएँ भी सम्मिलित रहती हैं। रोचक और मनोरंजक सामग्री का भी उपयोग किया जाता है। सामाजिक एवं राजनीतिक जागरूकता लाने में मुद्रण माध्यमों की भूमिका असंदिग्ध है। कारण कि वे अपनी सामाजिक जिम्मेदारी को गम्भीरता से अनुभव करते हैं। प्रेस कानून बने हुए हैं। कहीं–कहीं सतही विचार, मसालेदार, चटपटे या सनसनीखेज समाचारों का उपयोग किया जाता है, जो आज की उपभोक्तावादी संस्कृति की देन हैं। लेकिन समग्रतः मुद्रण माध्यम का चरित्र गम्भीर ही है। समाचार एजेंसियाँ और संवाददाताओं का नेटवर्क किसी भी समाचार–पत्र की धमनियों का काम करते हैं। उनके जिम्मेदार सम्पादक, उप–सम्पादक आदि कर्मी उनके मस्तिष्क हैं। पूँजी निवेश करने वाले मालिक प्रायः इनकी कार्यप्रणाली में हस्तक्षेप नहीं करते। जैसे–जैसे यह हस्तक्षेप बढ़ने लगता है, मुद्रण माध्यम की विश्वसनीयता घटती चली जाती है, क्योंकि वहाँ निष्पक्षता, तटस्थता और सत्य धूमिल होने लगते हैं। अतः 'प्रेस' की स्वतन्त्रता पर हर देश में हमेशा बल दिया जाता है। इस स्वतन्त्रता को बाधित करने के प्रयास सरकारों, समाचार–पत्र मालिकों, असामाजिक तत्वों या किन्हीं अन्य शक्तियों के द्वारा किये जाते हैं।

2. इलैक्ट्रॉनिक माध्यम

आधुनिक संचार–युग में जनमाध्यमों ने इलैक्ट्रॉनिक तकनीक को अपनाकर अपनी प्रभाव–क्षेत्र विस्तृत किया है। रेडियो इनमें पहला माध्यम है, जिसमें इलैक्ट्रॉनिक तकनीक का प्रयोग हुआ। यह **श्रव्य माध्यम** है। ध्वनि तरंगों की सहायता से दूरदराज के क्षेत्रों तक सूचना–समाचारों का सम्प्रेषण रेडियो के द्वारा ही सम्भव हो सका। इस माध्यम ने समाज में एक नयी सूचना क्रान्ति उपस्थित की। मुद्रित माध्यमों की पहुँच सीमित क्षेत्रों तक ही थी। वह केवल पढ़े–लिखे लोगों का माध्यम बना रह सका, किन्तु रेडियो साक्षर तथा निरक्षर दोनों ही तरह के समाज को लाभान्वित करने लगा। इस माध्यम ने समाचार–पत्रों की तुलना में कहीं अधिक तीव्र गति से सूचना–समाचारों का प्रेषण व्यापक जनसमूह के बीच करना आरम्भ किया। इससे इस माध्यम की लोकप्रियता भी बढ़ गयी। साथ ही यह माध्यम आर्थिक दृष्टि से सस्ता भी सिद्ध हुआ। मैकब्राइड के अनुसार, "विकासशील

देशों में रेडियो ही असली जनमाध्यम का रूप है और जनसंख्या के एक बड़े अनुपात पर इसकी पकड़ है। दूसरा कोई ऐसा बड़ा माध्यम नहीं है जो सूचना, शिक्षा, संस्कृति और मनोरंजन के रूप में उस कुशलता के साथ पहुँचने की क्षमता रखता हो।" हमारे देश में रेडियो जनमाध्यम पर प्रायः सरकारी नियन्त्रण है, जबकि विश्व के कई देशों में सरकारी तथा गैरसरकारी दोनों तरह के रेडियो प्रसारण मिलते हैं। रेडियो की तरह ही एक और श्रव्य संचार–माध्यम है–ऑडियो कैसेट।

इनसे पृथक श्रव्य–दृश्य (audio-Visual) इलैक्ट्रॉनिक माध्यम हैं–फिल्म, टेलीविजन, वीडियो कैसेट, सी. डी. आदि। इन माध्यमों में ध्वनि के साथ–साथ चित्रों के माध्यम से सूचना, समाचार, सन्देश प्रेषित किये जाते हैं। ये नवयुग के संचार–माध्यम हैं। आज समाज पर इनका गहरा प्रभाव है। एक समय में फिल्म केवल मनोरंजन का ही माध्यम नहीं था, इसके द्वारा समाज में शिक्षा का प्रसार भी किया जाता था। रूढ़ियों के विरुद्ध चेतना का प्रसार किया जाता था। जाति–पाँति, छुआछूत, अन्धविश्वास, दहेज–प्रथा जैसी कुरीतियों, सामन्तवाद के विरुद्ध चेतना तथा शोषण आदि के विरुद्ध जागरूकता जैसे अभियानों में फिल्म माध्यम की भूमिका अविस्मरणीय है। लेकिन धीरे–धीरे यह माध्यम केवल मनोरंजन तक सिमटकर रह गया है। अब टेलीविजन एक सशक्त जनसंचार–माध्यम है। इसने फिल्म माध्यम की लोकप्रियता को घटा दिया है। कारण कि नयी–नयी तकनीकों का प्रयोग करते हुए यह माध्यम घर बैठे सूचना, समाचार, शिक्षा, मनोरंजन सभी कुछ एक साथ दे सकता है। रंगीन चित्रों और ध्वनियों के प्रभाव से चीजें लोगों के मन–मस्तिष्क में सहजता के साथ उतरती चली जाती हैं। उनको इन्हें समझने के लिए अतिरिक्त परिश्रम भी नहीं करना पड़ता। हालाँकि टेलीविजन अपेक्षाकृत एक खर्चीला माध्यम है, किन्तु इसकी लोकप्रियता और इसके विस्तार में कोई कमी नहीं आयी है। वीडियो कैसेट और अब सी.डी. (compact disc) नये संचार–माध्यम बनकर सामने आये हैं, जो एक तरह से टेलीविजन के ही विस्तार हैं। इनमें कम्प्यूटर तकनीकी का उपयोग किया जाता है। इन माध्यमों में सूचना, शिक्षा, समाचार, मनोरंजन सभी कुछ एक जगह सुलभ है। वह भी अपने आकर्षकतम रूप में। ऐसे में इन माध्यमों की लोकप्रियता सर्वाधिक होगी ही, है भी। आज टेलीविजन कार्यक्रमों में इतनी अधिक विविधता है कि उन्हें गिनाना कठिन काम है। नित नये कार्यक्रम बन रहे हैं और देखे जा रहे हैं। वीडियो कैसेट फिल्मों और गीत–संगीत तक सिमट कर रह गयी हैं और अब उन्हें सी.डी. तकनीक ने बहुत पीछे छोड़ दिया है। टेलीविजन

से मिलकर सी.डी. ने अपने लिए सामाजिक लोकप्रियता प्राप्त कर ली है, तो कम्प्यूटर से मिलकर शिक्षा और सूचना के क्षेत्र में नयी ऊँचाइयाँ हासिल कर ली हैं। छोटे–से उन्नत प्लास्टिक से निर्मित टुकड़े पर बड़ी और व्यापक सामग्री का भण्डारण इस माध्यम की अपनी विशेषता है। यह विशेषता बहुत बड़ी सुविधा देती है। इसमें सामग्री की विविधता और भी नये आयाम जोड़ती है।

3. नव इलेक्ट्रॉनिक माध्यम

ये अत्याधुनिक युग के ऐसे जनसंचार–माध्यम हैं, जिनमें उन्नत तकनीक या नव्यतम प्रौद्योगिकी का इस्तेमाल किया जाता है। विशेष रूप से उपग्रह एवं कम्प्यूटर प्रणाली का प्रयोग करते हुए ये माध्यम लाखों–अरबों लोगों को परस्पर जोड़ रहे हैं। कम्प्यूटर नेटवर्क और उससे जुड़ी इण्टरनेट सेवा ऐसे माध्यम का बहुश्रुत रूप है। इण्टरनेट के अतिरिक्त और भी बहुत–से नव इलैक्ट्रॉनिक माध्यम हैं, जिनका उपयोग आज प्रभावी संचार के लिए किया जा रहा है। इसी क्रम में ई–मेल, फैसीमाइल (फैक्स), वीडियो टेक्स्ट, टेलीटेक्स्ट, इलैक्ट्रॉनिक बुलेटिन बोर्ड्स तथा अन्य कई साधन भी नव इलैक्ट्रॉनिक माध्यम रूप हैं।

सच तो यह है कि कम्प्यूटर तकनीक ने हमारे आधुनिक जनमाध्यमों की कायापलट ही कर दी है। उन्हें अब यह प्रणाली नव–इलैक्ट्रॉनिक युग में ले आयी है। इससे सुविधाएँ भी बढ़ी हैं, उनका विस्तार भी हुआ है और लोकप्रियता में भी वृद्धि हुई है। उदाहरण के लिए उपग्रह तथा कम्प्यूटर प्रणाली की सहायता से समाचार–पत्रों का रूप बदल गया है। शब्द संसाधन (वर्ड–प्रोसेसिंग) ने समाचार–पत्र कार्यालयों में अपना अनिवार्य स्थान बना लिया है। त्वरित और सुन्दर रूप में अखबार छपने लगे हैं। इण्टरनेट, ई–मेल और उपग्रह सम्प्रेषण से दुनिया भर के नवीनतम समाचार, सूचना–सामग्री और शिक्षा एवं मनोरंजनपरक सामग्री एक ही जगह तुरन्त उपलब्ध हो जाती है। बस चयन कीजिए और उसका उपयोग कीजिए। मॉडल, टेलीफोन, मोबाइल फोन आदि की सहायता से समाचार–सम्प्रेषण का काम आसान हो गया है। कम्प्यूटर पर ही सम्पादन हो जाता है और ले–आउट तैयार हो जाता है। स्कैनर द्वारा फोटोग्राफ, स्कैच, टेबल्स और मानचित्र सीधे–सीधे फॉर्मेट में डाल दिये जाते हैं। इसके बाद पूरी तरह से तैयार पेज प्रिण्टिंग और वितरण के लिए माइक्रोवेव की सहायता से सुदूर स्थित प्रेस को भेज दिया जाता है। पेज कहीं तैयार होते हैं, छपते

कहीं हैं। वह भी एक छोटे–से दफ्तर में बैठकर। और तो और इण्टरनेट की मदद से अब पाठक सीधे–सीधे अपने कम्प्यूटर पर समाचार–पत्र को चाहे जब पढ़ सकता है।

डिजिटेलाइजेशन, फायर ऑप्टिक केबल्स, उपग्रह संचार तथा कम्प्यूटर तकनीक ने सही अर्थों में संचार–क्रान्ति को जन्म दिया है। आज का प्रिण्ट मीडिया और इलेक्ट्रॉनिक मीडिया इन्हीं तकनीकों की बदौलत उन्नति के शिखर पर है।

फिल्म की दुनिया में नये–नये प्रयोग हो रहे हैं और क्रान्तिकारी परिवर्तन घटित हो रहे हैं। भारत में पुरानी ब्लैक–एण्ड–व्हाइट फिल्मों को अब नयी तकनीक के द्वारा रंगीन फिल्मों में बदला जा रहा है। जैसे–पुरानी 'मुगले आजम' को रंगीन रूप में प्रदर्शित किया जा रहा है। इसी तरह नया दौर, शान, साधना, अफसाना, धूल का फूल, कानून, गुमराह और एक ही रास्ता–जैसी पुरानी हिन्दी फिल्में भी रंगीन होने की प्रतीक्षा में हैं; ऐसी सूचनाएँ हैं। आने वाले समय में सिनेमा पूरी तरह डिजिटल हो जायेगा। यानी एक फिल्म अब एक सिगरेट के पैकेट से थोड़ी–सी बड़ी डिस्क में समा जायेगी। इसे हाई कैपेसिटी डिस्क का नाम दिया गया है। इसका मतलब होगा कि अब लम्बी–लम्बी रीलों को सहेजने, लाने–ले जाने और प्रोजेक्टर पर चढ़ाने–उतारने के झंझट से मुक्ति। फिल्में अब डिजिटली ही रिलीज होंगी। इसके लिए फाइबर ऑप्टिक केबल या सैटेलाइट की नयी तकनीक इस्तेमाल की जायेगी।

मार्शल मैकलुहान के अनुसार संचार–माध्यम तकनीकी उत्पादन तथा मनुष्य के शरीर का विस्तार है। जैसे जूता पैर का विस्तार (extension) है। संचार–माध्यम मनुष्य का विस्तार करते हैं। यह अनेक प्रकार से होता है, जैसे–बोलकर, लिखकर, सड़क, वस्त्र, अर्थ, मुद्रण, फोटो, समाचार–पत्र, टेलीफोन, रेडियो, फिल्म एवं टेलीविजन आदि। इनके अनुसार सामाजिक परिवर्तन के लिए संचार–माध्यम उत्तरदायी हैं, क्योंकि सूचना के प्रवाह की रीढ़ संचार–माध्यम हैं। अतः 'माध्यम ही सन्देश है'–Medium is message. ऐसा कहने का एक मूल कारण यह है कि सन्देश संचार–माध्यम के द्वारा ही यात्रा करते हैं। प्रत्येक संचार–माध्यम के अपने परिणाम होते हैं। 'माध्यम ही सन्देश है क्योंकि विस्तार, नियन्त्रण, किस मात्रा और किस सीमा तक और किस प्रकार लोगों तक पहुँचे; यह अब संचार–माध्यम पर निर्भर है।

मैकलुहान के अनुसार संचार–माध्यमों की मूल प्रकृति में परस्पर

भिन्नता है। इनके प्रभाव भी भिन्न–भिन्न तरह के होते हैं। समाचार–पत्र, पत्रिकाएँ, पुस्तकें आदि मुद्रण माध्यम ऐसे हैं, जिनकी प्रकृति गर्म मानी गयी है। इन्हें 'गर्म (hot) माध्यमों के रूप में देखा जाता है। फिल्म, रेडियो, फोटोग्राफ भी 'गर्म' माध्यम हैं। इसके विपरीत टेलीविजन शीत (cold) माध्यम है। कार्टून भी शीत माध्यम है। 'शीत माध्यम अधिक प्रभावी होता है। इसका कारण यह बताया गया है कि 'शीत माध्यम' में श्रोता का जुड़ाव एवं ग्रहणशीलता अधिक होती है, जबकि 'गर्म माध्यम' में इसका अभाव होता है। 'शीत माध्यम' में अनेक अनुभूतियाँ तथा 'गर्म माध्यम' में मात्र एक अनुभूति होती है। जैसे–फोटो में मात्र एक अनुभूति है, जबकि कार्टून में अनेक अनुभूतियाँ हैं।

अन्ततः हम यह पाते हैं कि नित नयी तकनीकी उन्नति के चलते दुनिया भर में संचार–माध्यमों का विकास बड़ी तेजी से हो रहा है। इन संचार–माध्यमों ने समाज की दिशा बदल दी है। ये माध्यम ही अब एक तरह से समाज की दिशा भी तय कर रहे हैं। हम निरन्तर सूचनाओं, ज्ञान और समाचारों की एक विविधतापूर्ण, आकर्षक, आनन्द एवं मनोरंजनमयी दुनिया की ओर जा रहे हैं। यह सही अर्थ में मनुष्य का विस्तार है।

श्रव्य माध्यम : रेडियो

रेडियो का संक्षिप्त परिचय

आधुनिक युग में जनसंचार के अनेक सुविकसित माध्यम उपलब्ध हैं। टेलीफोन के बाद रेडियो के आविष्कार ने संचार की प्रक्रिया को दूरस्थ स्थानों तक सम्भव बना कर मनुष्य–समाजों को परस्पर जोड़ा। जब पत्रकारिता रेडियो के साथ संलग्न हुई तो धीरे–धीरे इस माध्यम ने समाज में एक भरोसेमन्द मित्र के रूप में अपना स्थान बना लिया। वास्तव में रेडियो ऐसा संचार–माध्यम है, जिसके द्वारा कोई सन्देश व्यापक जनसमुदाय तक एक साथ पहुँचाया जा सकता है। रेडियो ध्वनि–तरंगों को विद्युत ऊर्जा के द्व रा काफी दूर तक भेजता है और इन ध्वनि–तरंगों को भेजने में इतना कम समय लगता है कि काल–बोध की दृष्टि से इसे 'शून्य' कहा जा सकता है। अर्थात् किसी रेडियो स्टेशन से जिस समय सन्देश प्रसारित होता है, ठीक उसी समय (कुछ ही सेकण्ड के अन्तराल में) हजारों मील दूर बैठे लोग उसे अपने रेडियो सैट पर सुन सकते हैं। ट्रांजिस्टर के आविष्कार ने तो विद्युत–ऊर्जा की अनिवार्यता को भी समाप्त कर दिया है। अब सामान्य बैटरी से काम हो जाता है। ट्रांजिस्टर संचार का सस्ता, सुविधाजनक एवं लोकप्रिय साधन बन गया है। निरक्षर लोग भी इस जन–माध्यम से रुचिपूर्वक सन्देश ग्रहण कर सकते हैं। एक साथ बैठकर मनोरंजनपरक कार्यक्रम सुन सकते हैं, उन पर बैठ कर बातचीत कर सकते हैं, घटनाओं का विश्लेषण समझ सकते हैं, नयी–नयी जानकारियाँ प्राप्त कर सकते हैं।

रेडियो का आविष्कार 19वीं शताब्दी में हुआ। वास्तव में रेडियो की कहानी 1815 ई. से आरम्भ होती है, जब इटली के एक इंजीनियर गुग्लियो मार्कोनी ने रेडियो–टेलीग्राफी के जरिये पहला सन्देश प्रसारित किया। यह सन्देश 'मोर्स कोड' के रूप में था। रेडियो पर मनुष्य की आवाज पहली बार सन् 1906 में सुनाई दी। यह तब सम्भव हुआ, जब अमेरिका के ली डी फारेस्ट ने प्रयोग के तौर पर एक प्रसारण करने में सफलता प्राप्त की। उसने एक, परिष्कृत निर्वात नलिका का आविष्कार किया, जो आने वाले

संकेतों को विस्तार देने के लिए थी। डी फारेस्ट ही था, जिसने सर्वप्रथम 1916 में पहला रेडियो समाचार प्रसारित किया। वह समाचार वास्तव में संयुक्त राष्ट्र में राष्ट्रपति चुनाव के परिणाम की रिपोर्ट थी। 1920 के बाद तो अमेरिका और ब्रिटेन ही क्या, विश्व के कई देशों में रेडियो ने धूम मचा दी! इसी अवधि में यूरोप, अमेरिका तथा एशियाई देशों में बहुत–से शोधकार्य हुए थे। इन शोधकार्यों के फलस्वरूप रेडियो ने अभूतपूर्व प्रगति की। कालान्तर में इलेक्ट्रॉन तथा ट्रांजिस्टर की खोज ने रेडियो–ट्रांजिस्टर तथा दूरसंचार के क्षेत्र में बहुत विकास किया।

भारतवर्ष में रेडियो–प्रसारण का इतिहास सन् 1926 से शुरू होता है। बम्बई, कलकत्ता तथा मद्रास में व्यक्तिगत रेडियो क्लब स्थापित किये गये थे। इन क्लबों के व्यवसायियों ने एक प्रसारण कम्पनी गठित की थी और उसके माध्यम से निजी प्रसारण सेवा आरम्भ कर दी। 1926 में ही तत्कालीन भारत सरकार ने इस प्रसारण कम्पनी को देशों में प्रसारण केन्द्र स्थापित करने का लाइसेंस प्रदान किया। इस कम्पनी की ओर से पहला प्रसारण 23 जुलाई, 1927 को बम्बई से हुआ। इसे 'इण्डिया ब्रॉडकास्टिंग कम्पनी' ने प्रसारित किया था। इसी के साथ बम्बई रेडियो स्टेशन का उद्घाटन तत्कालीन वाइसराय लॉर्ड इरविन ने किया था। इस विचार से भारत का पहला रेडियो स्टेशन बम्बई में स्थापित हुआ। इसके बाद 26 अगस्त 1927 को कलकत्ता केन्द्र का उद्घाटन हुआ।

यह एक संघर्षपूर्ण शुरुआत थी। कम शक्ति के मध्यम तरंग प्रेक्षक (मीडियम वेव ट्रांसमीटर), लाइसेंस की तुलना में कम आय तथा लागत की अधिकता आदि के कारण यह कम्पनी (इण्डिया ब्राडकास्टिंग कम्पनी) बन्द होने की स्थिति में आ गयी। इसी दौरान 1930 ई. में प्रसारण सेवा का प्रबन्ध भारत सरकार ने अपने अधिकार में ले लिया। अब इसका नाम हो गया 'इण्डियन स्टेट ब्रॉडकास्टिंग सर्विस'। यह 'सर्विस' विकसित होती चली गयी और बाद में चले कर 1936 में इसका नाम 'ऑल इण्डिया रेडियो' हो गया।

यहाँ यह उल्लेख करना भी जरूरी है कि 1935 ई. में तत्कालीन देशी रियासत मैसूर में एक स्वतन्त्र रेडियो स्टेशन की स्थापना हुई थी। मैसूर रियासत के इस रेडियो स्टेशन का नाम 'आकाशवाणी' रखा गया था।

जब देश आजाद हुआ तो 1957 में भारत सरकार ने इस संगठन का नाम 'आकाशवाणी' घोषित किया, जो मैसूर रियासत के रेडियो स्टेशन का नाम हुआ करता था। लेकिन तब से 'आकाशवाणी' नाम का प्रयोग

हिन्दी तथा अन्य भारतीय भाषाओं में समान रूप से हो रहा है। हाँ, अंग्रेजी–प्रसारणों और विदेश सेवा के प्रसारणों में अब भी 'ऑल इण्डिया रेडियो" ही प्रसारित होता है।

स्वतन्त्रता के बाद से आकाशवाणी/ऑल इण्डिया रेडियो का व्यापक प्रसार हुआ है। सन् 1947 में जहाँ पूरे देश में मात्र 6 प्रसारण केन्द्र, एक दर्जन ट्रांसमीटर और दो–ढाई लाख रेडियो सैट थे, वहीं आज हमारे पास 100 से अधिक रेडियो स्टेशन हैं जो देश के तीन–चौथाई से अधिक भौगोलिक क्षेत्र तथा 90 प्रतिशत के लगभग जनसंख्या को अपनी प्रसारण सीमा में लिए हुए हैं। करीब तीन करोड़ या इससे अधिक रेडियो सैट देश के घरों में बज रहे हैं।

हमारे देश में ही नहीं, अपितु दुनिया के प्रायः हर देश में रेडियो–प्रसारण की स्थिति में क्रान्तिकारी प्रगति हुई है और इस जन–माध्यम को एक व्यापक समाज मुक्त हृदय से अपना चुका है। रेडियो कार्यक्रम के श्रोताओं की संख्या में कोई कमी नहीं आयी है। टेलीविजन के प्रसार से ऐसा लगता अवश्य है कि रेडियो के श्रोताओं की संख्या घटी है, किन्तु सच्चाई यह नहीं है। रेडियो के श्रोता अब भी बहुत हैं। नये–नये कार्यक्रम उन्हें अपनी ओर आकर्षित कर रहे हैं। नये–नये रेडियो प्रसारण उन्हें बाँध रहे हैं।

रेडियो के विभिन्न कार्यक्रम

रेडियो ने समय के साथ अपने कार्यक्रमों में भी व्यापक बदलाव किया है। अब केवल समाचार या मनोरंजनपरक गीत, फिल्मी गीत आदि कार्यक्रम ही रेडियो पर प्रसारित नहीं होते, बल्कि ऐसे नये–नये कार्यक्रम भी सुनने को मिलते हैं, जो श्रोताओं को अपने में बाँध लेते हैं। ऐसे कार्यक्रमों की सूची बहुत लम्बी है। इन विभिन्न कार्यक्रमों को हम 'रेडियो की विविध विधाएँ' कहें, तो ठीक रहेगा।

रेडियो के विभिन्न कार्यक्रम अथवा रेडियो की विविध विधाएँ एक दृष्टि में इस प्रकार वर्गीकृत कर सूचीबद्ध की जा सकती हैं–

अ. विषय के आधार पर

1. सूचना–समाचारपरक कार्यक्रम

   समाचार, न्यूज़रील, रेडियो रिपोर्ट।

2. वार्तापरक कार्यक्रम

साहित्यिक, सांस्कृतिक, वैज्ञानिक, राजनीतिक, आर्थिक–सामाजिक, खेल एवं अन्य समसामयिक विषयक आदि।

3. वार्तालाप परक कार्यक्रम

इण्टरव्यू या साक्षात्कार, आमने–सामने/बातचीत, संगोष्ठी अथवा परिचर्चा।

4. गीत–संगीत/मनोरंजनपरक कार्यक्रम, फिल्मी गीत–संगीत, शास्त्रीय गीत–संगीत, लोक गीत–संगीत।

5. साहित्यिक कार्यक्रम

कहानी–पाठ, कविता–पाठ एवं कवि सम्मेलन, प्रहसन, नाटक एवं रूपक, झलकी आदि।

6. पत्रिका कार्यक्रम

साहित्यिक–पत्रिका, विज्ञान–पत्रिका, खेल–पत्रिका, महिला–पत्रिका, युवा–पत्रिका आदि।

7. अन्य कार्यक्रम

विज्ञान, ज्योतिष, खेलकूद, समसामयिक विषय, समाज, देश–विदेश, सरकार के सामाजिक–आर्थिक क्रियाकलापों पर आधारित प्रचार कार्यक्रम।

ब. श्रोता वर्ग के आधार पर

1. महिला जगत् कार्यक्रम
2. बाल जगत् कार्यक्रम
3. युवा जगत् कार्यक्रम
4. बुजुर्गों के लिए कार्यक्रम
5. श्रमिकों के लिए कार्यक्रम
6. कृषिजगत् कार्यक्रम
7. अन्य

स. अन्य वर्ग

1. फ़ीचर/रेडियो रूपक
2. आँखों देखा हाल/कमेण्टरी
3. पत्रोत्तर

4 सामयिक कार्यक्रम
5. पर्व एवं जयन्तियाँ
6. स्थल रिकार्डिंग कार्यक्रम
7. शोक--सूचना कार्यक्रम
8. विद्यालय से कार्यक्रम
9. झरोखा कार्यक्रम
10. आमन्त्रित श्रोताओं के सम्मुख आयोजित कार्यक्रम
11. आज का विचार
12. विशेष सूचनाएँ
13. विशेष प्रसारण
14. अन्य--ज्योतिष, उद्घोषणा, कम्पीअरिंग

द. कुछ नये कार्यक्रम

1., गीत–संगीत
2. आमने--सामने
3. प्रस्तुत प्रश्न
4. सब के लिए
5. कुछ पेपर की : कुछ बेपर की
6. विनोद वार्ता कार्यक्रम
7. रेडियो कार्टून (लतीफे, चुटकुले आदि।)
8. हँसना मना है
9. अन्य

हमें याद रखना चाहिए कि रेडियो कार्यक्रम इसके निर्माताओं, निर्देशकों की कल्पनाशीलता पर निर्भर करते हैं। इनमें समय की आवश्यकता को देखते हुए परिवर्तन होते रहते हैं। नये–नये कार्यक्रमों का जन्म होता रहता है। इसलिए कोई भी वर्गीकरण अन्तिम नहीं कहा जा सकता।

मौखिक भाषा की प्रवृत्ति और रेडियो–लेखन के आधार–सूत्र

व्यवहार की दृष्टि से भाषा के मुख्यतः दो पक्ष हुआ करते हैं–एक मौखिक, दूसरा लिखित। यों, तीसरा रूप 'सांकेतिक भाषा' भी होता है, जो प्रायः अभिनय आदि क्षेत्रों में दैहिक भाषा' (Body language) के रूप में मिलता है।

कोई इस बात को एकदम स्वीकार करे या न करे, लेकिन यह सूत्र बहुत बड़ी सीमा तक सच है कि–'शब्द मूलतः ध्वनि है।' यों, कई लोग इस बात से पूरी तरह सहमत नहीं होते और वे तर्क देते हैं कि शब्द अपने संगठित रूप में एक अर्थवान इकाई है और एक विशेष क्रम में एक से अधिक शब्दों की योजना उसी क्रम में अर्थ–योजना है जिस क्रम में शब्दों को रखा जाता है, उसी से उनके एक या दूसरे विशेष अर्थ का उद्‌घाटन हो जाता है। सुप्रसिद्ध नाट्‌यकार मोहन राकेश ने शब्द की इस प्रकृति को रेखांकित करते हुए कहा है, "एक शब्द का अर्थ दूसरे शब्द या शब्दों के अर्थ से मिलकर विशेष क्रम–संगति के अनुसार इकाई–इकाई के अर्थ से अलग एक नये अर्थ का भी उद्‌घाटन कर सकता है। उस क्रम–संगति में शब्दों के उच्चारण से अर्थ को ध्वनित किया जाता है। हाँ, एक या दूसरे शब्द या स्वर पर बल देने से उसी अर्थ के एक या दूसरे पक्ष को अधिक रेखांकित किया जा सकता है।" (पठनीय, नाट्‌य विमर्श, सं. जयदेव तनेजा, 2003, पृष्ठ 71)

शब्द और अर्थ का सहसम्बन्ध विशेष रूप से मौखिक भाषा की प्रवृत्ति का परिचायक है। यह सम्बन्ध विशेष रूप से रेडियो–कार्यक्रमों की भाषा के सन्दर्भ में विचारणीय है। कारण कि रेडियो की भाषा मौखिक होती है। मुद्रण माध्यमों में तो, लिखित/मुद्रित भाषा का उपयोग होता है या चित्र–भाषा का। जबकि श्रव्य–दृश्य माध्यमों (फिल्म, टेलीविजन) में मौखिक, लिखित और चित्र–भाषा का सम्मिश्रिण रहता है। इस विचार से रेडियो माध्यम में श्रव्य या मौखिक भाषा एक रचनात्मक चुनौती के रूप में कलात्मक ढंग से अपनाई जाती है। इसी में उसकी शक्ति, सफलता और असफलता निहित है। जैसा कि भाषा की उत्पत्ति का एक सिद्धान्त है, भाषा की उत्पत्ति 'नाद' से हुई है। अतः अपने मूल रूप में शब्द 'नाद' की ही परिणति है। यही कारण है कि मौखिक भाषा एक अमूर्त माध्यम है। वह लिपि अथवा दृश्य की तरह मूर्त माध्यम नहीं है। भाषा का लिखित रूप तो बहुत बाद में अस्तित्व में आया। उसका मौखिक रूप आदिम है।

मोहन राकेश पुनः कहते हैं, "मानव–मन के भाव–संकेतों को ध्वनित करने की प्रक्रिया अपने आप में ही शब्द के ध्वनि–रूप को उद्‌घोषित करती है। भाव–संकेतों की लय के अनुसार ध्वनि–संकेत अपनी लय ग्रहण करते हैं। शब्दों की अर्थवत्ता का सम्बन्ध इस लय से जुड़ा रहने से एक–एक शब्द के इकाई अर्थ को सिवाय शिक्षण की सुविधा के और कोई महत्त्व

नहीं दिया जा सकता। क्योंकि किसी भी भाव के सम्प्रेषण के लिए सृष्टि शब्दों की नहीं, एक विशेष लय में कुछ ध्वनियों की होती है।"

कहने का आशय यह है कि भाषा के मौखिक रूप में ध्वनि और लय प्रधान होती हैं। इन्हीं से अर्थ की अभिव्यक्ति और अर्थ का ग्रहण किया जाता है। विभिन्न नाट्य रूपों के संवाद, कथन, समाचार–वाचन, काव्यपाठ इत्यादि विधाओं में मौखिक भाषा की इस विशेषता को देखा जा सकता है। इस क्रम में मौखिक–भाषिक अभिव्यक्ति के कई पक्ष सामने आते हैं। अपने भावों, विचारों, मतों को प्रभावी ढंग से सार्थक शब्दों में बोलकर व्यक्त करने को 'मौखिक अभिव्यक्ति' कहा जाता है। इसमें वक्ता और श्रोता का होना आवश्यक है। मौखिक अभिव्यक्ति को प्रभावपूर्ण बनाने के लिए निम्नांकित पक्षों पर ध्यान दिया जाता है–1. शुद्ध उच्चारण, 2. निःसंकोच भावाभिव्यक्ति, 3. उचित गति, बलाघात तथा अनुतान, 4. उचित हाव–भाव, 5. विचारों में क्रमबद्धता। लेकिन रेडियो माध्यम में 'उचित हाव–भाव' के लिए प्रत्यक्षतः कोई स्थान नहीं होता, क्योंकि यहाँ 'वक्ता' अप्रत्यक्ष होता है। वह सामने नहीं होता। सामने तो उसका 'स्वर' या 'आवाज' होती है।

मौखिक भाषा के दो रूप हैं–1. औपचारिक, 2, अनौपचारिक। अपनी–अपनी आवश्यकता के अनुसार हम इन दोनों रूपों को अपनाते हैं।

हमें मौखिक भाषा के उपयोग के समय यह बात सदैव ध्यान में रखनी चाहिए कि पढ़ने (बोलने या वाचन करने) की कला लिखने की कला से अधिक महत्त्वपूर्ण है। इसी बात को ध्यान में रखते हुए लार्ड मैकाले ने कहा था–"To learn to read is the business of half a life." सचमुच हम अपनी आधी जिन्दगी पढ़ने सीखने में लगा देते हैं!

समग्रतः मौखिक भाषा के प्रभावपूर्ण ढंग से प्रयोग के लिए प्रायः उसके निम्नांकित तत्त्व विशेष महत्त्व रखते हैं, ये तत्त्व मौखिक भाषा की प्रवृत्ति को भी रेखांकित करते हैं–

1. ध्वनि और उसका नियन्त्रण या अनुकूलन (voice and its modulation) 2. उच्चारण (pronunciation) 3. श्वास का प्रबन्धन (management of the breath) 4. बलाघात (stress) 5. विराम (pause) 6. स्वराघात (accent) 7. कारुणिकता (pathos) 8. अभिव्यक्ति (expression)।

किसी ने ठीक ही कहा है, "The human voice lies midway between the lips and the heart, that all the light may fall from the lips, and all the love may well up from the heart."

हर तरह का लेखन अपने माध्यम, विषय तथा वातावरण आदि पर निर्भर करता है। ऊपर हमने विभिन्न रेडियो–कार्यक्रमों की एक वर्गीकृत सामान्य सूची दी है। निश्चित है कि इन सब कार्यक्रमों में जहाँ–जहाँ लेखन कार्य की आवश्यकता है, उसकी प्रकृति आवश्यकता को देखते हुए अलग–अलग होगी। फिर भी रेडियो–लेखन के कुछ सिद्धान्त सभी कार्यक्रमों के लिए एक–जैसे होंगे। हम पहले उन्हीं सामान्य सिद्धान्तों की चर्चा करेंगे।

सबसे पहले तो हमें इस बात की ओर विशेष ध्यान रखना होता है कि रेडियो अपनी प्रकृति में मुद्रण माध्यम (समाचार–पत्र, पुस्तक, पैंफलेट आदि) तथा श्रव्य–दृश्य माध्यम (टेलीविजन एवं फिल्म) से भिन्न होता है। इसलिए स्वाभाविक है कि इसके लिए लिखे जाने वाली सामग्री की भाषा भी उन माध्यमों के लिए लिखे जाने वाली सामग्री की भाषा से भिन्न होती है। इस भिन्नता का मूल आधार है भाषा का 'श्रव्य' होना, मौखिक होना। यानी, कहा जा सकता है कि रेडियो की अपनी भाषा होती है और इस भाषा का वैशिष्ट्य रेडियो–लेखन में देखा जा सकता है। दूसरे शब्दों में कहें तो हम यह कहेंगे कि रेडियो ध्वनियों के प्रसारण तक सीमित है, इसलिए इसके कार्यक्रमों की भाषा में भाषा के ध्वनि–गुणों को उभारा जाता है। उन पर सबसे अधिक ध्यान दिया जाता है।

रेडियो पर किसी कार्यक्रम का प्रसारण करने वाले के लिए अशरीरी या निराकार ध्वनि 'कच्चा माल होता है। और यही तत्त्व रेडियो को जन–माध्यम की अतुलनीय शक्ति प्रदान करता है। यानी, यह निराकार ध्वनि अपने कार्यक्रमों के श्रोताओं को कल्पना लोक में प्रवेश करने तथा 'मन की आँखों में, विभिन्न तरह के बिम्ब 'रचने' की क्षमता प्रदान करती है। प्रोड्यूसर के पास ध्वनियों की विविधमयी श्रृंखला रहती है। यह उसका काम है कि वह रेडियो की भाषा में अनूदित करने के लिए ध्वनि–प्रतीकों का सार्थक रूप में चयन करे।

रेडियो की शब्दावली तीन तरह की सामग्री से निर्मित होती है–

1. वाक् (speech)
2. ध्वनि–प्रभाव, जिसमें संगीत भी शामिल है (sound effects including music)
3. मौन (silence)

यों तो वाक् यानी वाणी, बिना ध्वनि–प्रभावों के ही सूचना और विचार

सम्प्रेषित करने में सक्षम है; किन्तु रेडियो पर इसका प्रयोग विशेष ढंग से करना होता है। इसमें सरलता और स्पष्टता जरूरी होती है। इसका कारण यह है कि अमूर्त वाक्यांश, जो किसी तरह का दृश्यात्मक बिम्ब नहीं जगाते, वे हवा में अपना असर खो देते हैं। यदि तर्क जटिल हैं, तो हम उन्हें न तो दुबारा पढ़ सकते हैं और न दुबारा उन्हें सुन सकते हैं। यह कोई किताब या छपी हुई सामग्री तो होती नहीं कि बार–बार पढ़कर हम उन जटिल वाक्यांशों का अर्थ समझ लें। हमें किसी बात को एक बार में सुन कर उसका अर्थ ग्रहण करना पड़ता है। सरलता और स्पष्टता के अतिरिक्त रेडियो पर बोलने वाले को एक बात और ध्यान में रखनी होती है कि वह श्रोताओं का ध्यान आकर्षित करने के लिए उतार–चढ़ाव या सुर, ताल तथा स्वर (pitch, tempo and tone) में विविधता लाता रहे। इसके लिए जो आलेख तैयार किया जाता है उसमें शब्दों का चयन तथा वाक्य–विन्यास इसी बात को ध्यान में रख कर तैयार किया जाता है। दूसरी ओर, तथ्यों को सरल रूप में प्रस्तुत करने में कठिनाई यह आती है कि रेडियो वाणी की विलक्षणताओं को अतिरंजित कर देता है। अतिरंजना में चीजें या तथ्य दब जाते हैं। लेकिन नाटक के लिए यह एक अच्छी चीज है। नाटक में ऐसा करने से चरित्रों का अन्तर स्पष्ट हो जाता है। उनके मनोभाव प्रभावशाली ढंग से उभारे जा सकते हैं।

ध्वनि–प्रभाव संगीत का रूप भी ले सकता है, या फिर प्राकृतिक अथवा इलैक्ट्रॉनिक ध्वनियों का रूप भी ले सकता है। ध्वनि–प्रभावों से जीवन की विविधता के वास्तविक या काल्पनिक सभी तरह के दृश्य सामने लाने में सहायता मिलती है। लेकिन इन प्रभावों से कई बार प्रोड्यूसर मुश्किल में पड़ जाता है। केवल ध्वनि बहुत कम स्थितियों में इच्छित सूचना या भाव सम्प्रेषित करने में सक्षम होती है। क्या ध्वनि स्पष्ट रूप से पहचानी जा सकती है? कभी–कभी आँधी की आवाज नदी या समुद्र की आवाज लगने लगती है, या घड़ी की टिक्–टिक् घोड़े की टापों की आवाज लगने लगती है। कई बार यही पता नहीं लगता कि दृश्यबन्ध कहाँ है? तस्वीर की सहायता के बिना या शब्दों से उसे स्पष्ट किये बिना, यह जरूरी नहीं हो पाता कि हम बता सकें कि यह दिल्ली की भीड़–भाड़ भरी सड़क का दृश्यबन्ध है या मुम्बई की किसी गली का! उच्चरित शब्द का एक अहम काम है कि वह ऐसे प्रभाव सफलतापूर्वक सम्प्रेषित कर सकें। अतः उच्चारित शब्दों को संवाद के साथ घनिष्ठ रूप से बुना होना चाहिए, ताकि किसी सन्देह के लिए कोई गुंजाइश ही नहीं बचे।

ध्वनियाँ जो एक रेडियो कार्यक्रम का निर्माण करती हैं, कटिंग के द्वारा आपस में अच्छी तरह गुँथी हुई रहती हैं। इस प्रक्रिया में प्रोड्यूसर हर एक ध्वनि के कार्य को अच्छी तरह समझता है। वह यह निर्णय लेता है कि अमुक ध्वनि समूचे ढाँचे में शब्द का अथवा वाक्य–विधान का हिस्सा बन सकेगी अथवा नहीं।

ध्वनि–प्रभाव जब किसी कहानी का हिस्सा कहते हैं, तो वे 'शब्द' का काम करते हैं। उदाहरण के लिए, घड़ी की टिक्–टिक् के बाद पाँच बार घण्टी बजती है, तो वह एक पूरा वाक्य बन जाती है कि पाँच बज गये। यानी उससे बिना किसी वाक्य–रचना के ही पाँच बजने की सूचना मिल जाती है। और जब किसी संवाद को उस ध्वनि से पहले या बाद में बोल दिया जाता है, तो वाक्य पूरा हो जाता है। हमें यह भी पता चल जाता है कि एक्शन कौन पात्र कर रहा है और क्यों ? इस तरह हमारे मानस–पटल पर एक स्पष्ट दृश्य बन जाता है। इसी तरह सुबह होने के दृश्य को चिड़ियों की चहचहाहट और मन्दिरों में घण्टे बजने जैसी ध्वनियों से 'दर्शाया' जा सकता है। इनसे हमारे मानस–पटल पर पूरा दृश्य अंकित हो जाता है। हम उसकी कल्पना कर सकते हैं। ध्वनि–प्रभाव, बेशक जब शब्द एवं संगीत के माध्यम से पैदा किये जाते हैं, पात्र की मनोदशा को व्यक्त करते हैं।

इन स्थितियों को एक उदाहरण से समझें। एक रेडियो नाटक में घड़ी की टिक्–टिक् सुनाई देती है। इसके कुछ ही समय बाद घड़ी के घण्टे से बारह बार बजने की ध्वनि से बारह बजे के समय की सूचना मिलती है। एक स्त्री का स्वर उभरता है–"बारह बज गये वे अभी नहीं आये।" बीच में ही एक बच्चे के कराहने की आवाज उभरती है, जिसका स्वर अत्यन्त क्षीण एवं धीमा है। उसके थपथपाने की हल्की–सी ध्वनि। पुनः स्त्री स्वर, "सो जा बेटे, पापा आते ही होंगे। तुझे डॉक्टर को दिखा देंगे। चिन्ता मत कर, जल्दी ही ठीक हो जायेगा।" इतने से ध्वनि–प्रभाव और कुछ शब्दों से श्रोताओं के समक्ष एक काल्पनिक दृश्य उपस्थित हो जाता है कि कोई माँ घर पर अकेली है उसका बच्चा बीमार है। रात के बारह बज गये हैं, किन्तु उसका पति अभी घर नहीं लौटा है। वह पति की प्रतीक्षा कर रही है। स्त्री चिन्तित है।

फेड–आउट (तेज से क्रमशः धीरे–धीरे मद्धिम ध्वनि) तथा फेड–इन (मद्धिम ध्वनि से क्रमशः तेज ध्वनि) रेडियो में (और फिल्म में भी) आधारभूत 'व्याकरण' है। एक तरह से यह एक, 'उपकरण' है, जो समय की कमी

अथवा दृश्य–परिवर्तन को सूचित करने के लिए प्रयुक्त किये जाते हैं। धीरे–धीरे ध्वनि कम या ज्यादा करके प्रोड्यूसर क्षितिज के पार जाने का भ्रम भी पैदा कर सकता है। पात्र के प्रवेश करने या दृश्य से बाहर जाने, कार, बस या स्कूटर के दूर जाने या पास आने आदि को बताने या दिखाने के लिए भी इस ध्वनि का समावेश किया जाता है।

केवल **मौन या खामोशी यानी निःशब्दता** रेडियो प्रसारण में एक आश्चर्यजनक तत्त्व है। मौन, शब्दों पर जोर दे सकता है और श्रोता को इतना समय दे सकता है कि वह उन्हें ध्यान से सुनकर समझ सके। अपनी कल्पना–शक्ति से उन्हें आत्मसात कर सके। लगातार एक ही तरह की ध्वनियों का प्रवाह नीरसता की सृष्टि कर सकता है। इससे बचने के लिए मौन रखा जा सकता है। यही नहीं, मौन लय पैदा करने और समग्र ध्वनि–संरचना को सन्तुलित करने में भी सहायक होता है।

फिल्म की तरह रेडियो में भी 'समय' के साथ प्रयोग करने की अनन्त सम्भावनाएँ हैं। इसमें पूर्वदृश्य (flash back) तथा भविष्य की कौंध (flash) का उन्मुक्त प्रयोग 'होता है। इसका कारण यह है कि प्रत्येक श्रोता ही कल्पना के साथ सीधा सम्बन्ध जोड़ लेता है। यह व्यक्तिगत विचारों की अभिव्यक्ति के लिए भी अनुकूल है तथा काल्पनिक वार्तालाप को व्यक्त करने के लिए भी उपयोगी है।

नाटक हो, वार्ता हो अथवा समाचार या कोई अन्य रेडियो कार्यक्रम; रेडियो के लिए किसी भी तरह का लेखन करते समय रेडियो की भाषा की इस प्रकृति को ध्यान में रखना होता है। साथ ही कुछ और भी महत्त्वपूर्ण बातें हैं, जिनका पालन लेखक को करना चाहिए। ये बातें संक्षेप में इस प्रकार हैं–

1. रेडियो क्योंकि जनसाधारण का माध्यम है; इसे देश के कोने–कोने में सुना जाता है, हर भाषा और बोली के लोग इसे सुनते हैं। इसलिए जनसाधारण के कार्यक्रमों में उन शब्दों का प्रयोग किया जाना चाहिए, जो सामान्य बोलचाल में प्रयुक्त होते हैं; जिन्हें जनसाधारण आसानी से समझ सके। कठिन शब्दों से बचना चाहिए।

2. वाक्य सरल हों, छोटे–छोटे हों, शुद्ध तथा रोचक हों। अधिक जटिल मिश्र वाक्यों से बचना चाहिए।

3. शब्दों तथा वाक्यों में विषय के अनुरूप प्रभाव की क्षमता होनी चाहिए।

4. भारी–भरकम शब्दावली, व्यर्थ का शब्दाडम्बर और उलझे हुए वाक्य सफल रेडियो–लेखन के लिए खतरनाक शत्रु हैं।

5. लेखकीय अभिव्यक्ति रेडियो–लेखन के लिए दी गयी विधा के अनुरूप होनी चाहिए। विषय के साथ न्याय हो और उस विधा के तात्विक स्वरूप के प्रति भी न्याय होना चाहिए। साथ ही, यह बात सदैव ध्यान में रहनी चाहिए कि हम किसके लिए लिख रहे हैं? हमारे लिखे को कौन–सा श्रोता–वर्ग सुनेगा? इस कार्यक्रम के श्रोताओं पर हमारे लिखे का क्या प्रभाव होगा? उनकी क्या प्रतिक्रिया होगी?

6. प्रत्येक कार्यक्रम की समय–सीमा पहले से ही तय रहती है। इसलिए सभी तरह के रेडियो कार्यक्रम लिखते हुए समय–सीमा का ध्यान रखना होता है। समाचारों में तो यह समय–सीमा बहुत ही अनिवार्य है। इसलिए हर समाचार बुलेटिन में महत्त्व के क्रम में समाचार लिखे जाते हैं। साथ ही वाक्य–विन्यास का ध्यान रखा जाता है। ऐसा इसलिए किया जाता है कि यदि किसी कारण से समय समाप्त हो रहा हो तो कोई महत्त्वपूर्ण समाचार छूट न जाये और कोई समाचार अन्धूरा छोड़ना पड़े तो वाक्य पूरा हो जाये।

श्रव्य–दृश्य माध्यम

आधुनिक संचार–माध्यमों में दृश्य–श्रव्य (audio-visual) माध्यमों के रूप में फिल्म, टेलीविजन और वीडियो अत्यन्त लोकप्रिय हैं। इनमें ध्वनि के साथ–साथ दृश्यों या चित्रों का भी समावेश रहता है। इनको देखते–सुनते हुए हमारी सभी इन्द्रियाँ सक्रिय रहती हैं, इसलिए इन माध्यमों से पहुँचाया गया सन्देश हम आसानी से ग्रहण करते हैं। न केवल आसानी से, बल्कि रुचिपूर्वक भी। यही कारण है कि इनकी प्रभाव–क्षमता अन्य संचार–माध्यमों की तुलना में कहीं अधिक होती है। ये माध्यम प्रमुख रूप से मनोरंजनपरक हैं। सुन्दर और आकर्षक दृश्य, प्रभावपूर्ण ध्वनियाँ, संगीत और गति, रोचकता और कल्पनाशीलता जैसी न कि चुम्बकीय प्रकृति दर्शकों को अपने आप में बाँध लेती है। उन्नत तकनीक और नये–नये प्रयोग इन्हें सुविधाजनक एवं कम खर्चीला बनाते चले जा रहे हैं। यही इनकी लोकप्रियता और व्यापकता के मुख्य कारण हैं।

आइए संक्षेप में हम इन श्रव्य–दृश्य माध्यमों का संक्षिप्त परिचय प्राप्त करें।

(1) फिल्म

फोटोग्राफी के साथ ही फिल्म के आविष्कार का घनिष्ठ सम्बन्ध है। सन् 1820 में 'ऑप्टिकल खिलौनों' के रूप में इसकी नींव रखी जा चुकी थी। लेकिन ये स्थिर चित्र थे। इनमें गति का प्रभाव 1878 में एडवर्ड मुयाब्रिन ने उत्पन्न किया। इसके लिए उसने जोट्रोप तकनीक का इस्तेमाल किया। इसके बाद सन् 1890 में थॉमस अल्वा एडीसन ने काइनेटोस्कोप का आविष्कार कर फिल्म का वास्तविक भविष्य तय कर दिया। उसने ऐडवर्ड मुयाब्रिन के स्थिर चित्रों के गति के प्रभाव को एक बिल्कुल ही नया और अकल्पनीय आयाम दे दिया। यह सचमुच चलचित्रीय प्रभाव था, जो फिल्म का आधार है।

इन आरम्भिक प्रयासों में ल्यूमिएरे बन्धुओं का नाम भी महत्त्व रखता

है। उन्होंने ही फिल्म को व्यवसाय के रूप में सबसे पहले स्थापित किया। 28 दिसम्बर 1895 को उन्होंने पेरिस में पहली फिल्म प्रदर्शित की। जबकि जार्नेस मेलिस वह पहला व्यक्ति था, जिसने सन् 1897 में पेरिस के निकट दुनिया का पहला स्टूडियो स्थापित किया था। इस स्टूडियो का नाम था–'पैथे गारमाण्टे'।

अमेरिका में भी फिल्मों को लेकर प्रयोग जारी थे। वहाँ एडविन पॉर्टर ने सिनेमा को एकदम नयी दिशा प्रदान की। उसने ग्यारह मिनट की एक अद्भुत फिल्म तैयार की, जिसका नाम था–'द ग्रेट ट्रेन राबरी'। इस फिल्म में उसने मल्टीपल शॉट्स, सीन कट, क्लोजअप, लाँग शॉट्स जैसी नयी तकनीक अपनायी और अपनी कल्पनाशीलता, रचनात्मकता और प्रतिभा का परिचय दिया। यह 1903 की बात है। उस समय प्रदर्शित इस फिल्म ने दर्शकों को आश्चर्य में डाल दिया था।

अमेरिका के ही विलकाम्से ने 'हॉलीवुड' को जन्म दिया। सन् 1901 में लॉस एंजिल्स में प्रापर्टी डीलिंग का धन्धा करने वाले पति–पत्नी विलकाम्से ने 120 एकड़ जमीन खरीदी और बाद में उसके प्लॉट काट–काट कर बेचने शुरू किये। इस जगह का नाम उसने 'हॉलीवुड' रखा। जगह अच्छी थी। आसपास का परिवेश बहुत सुन्दर और आकर्षक था। इसलिए कई फिल्म कम्पनियों ने वहाँ प्लॉट खरीदे और अपने–अपने स्टूडियो बनवाये। आज तो यह विश्व का विख्यात सिनेमा केन्द्र है। कहें कि सिनेमा से जुड़े लोगों का तीर्थ है।

इसके बाद तो फिल्मों का इतिहास बहुत तेजी से बदलता चला गया, जो आज भी अबाध गति से जारी है।

हमारे देश में सिनेमा का इतिहास अपेक्षाकृत कम पुराना है। भारत में पहला फिल्म शो 7 जुलाई, 1896 को हुआ। फ्रांस के दो भाइयों–अगस्त लुमरे और लुईस लुमरे ने यह शो किया था। उस समय 'टाइम्स ऑफ इण्डिया' के 7 जुलाई, 1896 के अंक में इसका विज्ञापन छपा था। उसी वर्ष हरिश्चन्द्र सखाराम भाटवलकर ने लंदन से पहला मूवी कैमरा मँगवाया था। उन्होंने ही प्रथम देसी फिल्म बनायी। इस फिल्म में कुश्ती तथा बन्दर को प्रशिक्षित करते हुए एक व्यक्ति का छायांकन किया गया था। इसी क्रम में हम मानेट टी. सेठना के प्रयास का उल्लेख करना चाहेंगे, जिन्होंने 1904 ई. में मुम्बई में 'लाइफ ऑफ क्रस्ट' नाम से पहला सिनेमा अपने प्रोजेक्टर से दिखाया। 1907 ई. में कलकत्ता में पहला सिनेमाघर बना, जिसका नाम था–'एलफिंटन पिक्चर पैलेस'। इसे जे.एस. मदान ने

बनवाया था। दादा साहब फाल्के भारतीय सिनेमा के शलाका पुरुष हैं। उन्होंने 'राजा हरिश्चन्द्र' नामक पहली फीचर फिल्म बनायी थी, जिसका प्रदर्शन 3 मई, 1913 को हुआ। लेकिन यह मूक फिल्म थी। भारत में बनी पहली बोलती फिल्म थी–आलम आरा'। यह फिल्म भी 1913 में प्रदर्शित हुई। धीरे–धीरे फिल्में बनने का सिलसिला शुरू हो गया। सन् 1932 में 'इन्द्रसभा' नामक फिल्म बनी, जिसने अपार लोकप्रियता हासिल की। इस फिल्म में 70 गाने थे!

आज भारतीय भाषाओं में सर्वाधिक फिल्में बनती हैं। इनमें भी हिन्दी में सबसे अधिक। देश–विदेश में इनकी लोकप्रियता है। नयी–नयी तकनीक अपना कर इन्हें अन्तरराष्ट्रीय स्तर का बनाया जा रहा है। नये–नये प्रयोग हो रहे हैं। कुल मिलाकर कहें कि भारतीय सिनेमा का एक लम्बा और सुदृढ़ इतिहास है।

आज फिल्म मूलतः मनोरंजन और अंशतः शिक्षा का अत्यन्त लोकप्रिय माध्यम है। नयी प्रौद्योगिकी ने इस जन माध्यम में गुणात्मक परिवर्तन किये हैं। आज हमारे पास बहुत अच्छे फिल्मकार तथा तकनीशियन हैं। अनेक शिक्षण संस्थाएँ बहुत ही श्रेष्ठ शिक्षाप्रद फिल्में बना रही हैं। पुणे स्थित फिल्म संस्थान–सहित अनेक फिल्म इंस्टीट्यूट हैं, जो इस क्षेत्र को शिक्षा प्रदान कर रहे हैं।

(2) टेलीविजन

आज फिल्म और टेलीविजन की लोकप्रियता सबसे अधिक है। बल्कि फिल्म–माध्यम भी अब टेलीविजन के साथ साँठ–गाँठ कर हमारे जीवन का चेहरा बदल रहा है। सच तो यह है कि इन इलैक्ट्रॉनिक माध्यमों ने जहाँ मनुष्य को घर बैठे सारी दुनिया से जोड़ दिया है, वहीं वह शिक्षित होते हुए भी, अशिक्षा के अन्धकार की ओर लौट रहा है। यह बात अतिश्योक्तिपूर्ण और विरोधाभासी लग सकती है, लेकिन तटस्थ विश्लेषण करने पर सच साबित होगी। टीवी ने हमारे पढ़ने की आदत बिगाड़ दी है। उसी तरह कम्प्यूटर ने हमारी गणित की क्षमता को बाँध दिया है। यह एक कटु सत्य है। इसके बावजूद फिल्म, दूरदर्शन (टीवी) और कम्प्यूटर की उपयोगिता एवं लोकप्रियता में कोई कमी नहीं आयी है। यह दिन पर दिन बढ़ती ही जा रही है।

जहाँ तक संचार–माध्यमों का सम्बन्ध है, टेलीविजन माध्यम बहुत ही उपयोगी और लोकप्रिय हो चुका है। इसने लोकप्रियता की सारी सीमाएँ पार

कर दी हैं। सूचना प्रौद्योगिकी का सबसे शक्तिशाली स्वरूप यदि कम्प्यूटर के बाद, जिस इलैक्ट्रॉनिक संसाधन में उभरा है, तो वह है टेलीविजन।

टेलीविजन तरंगों के माध्यम से एक साथ दृश्य और ध्वनि को सुदूर स्थानों तक उसी तेज गति से भेजने में सफल हुआ है, जिस तीव्र गति से रेडियो द्वारा तरंगें भेजी और ग्रहण की जाती हैं। जनसंचार के क्षेत्र में यह बहुत बड़ा परिवर्तन है। रेडियो की सीमा यह थी, कि वह माध्यम पूरी तरह आवाज पर निर्भर था, जबकि समाचार–पत्र मुद्रित शब्दों पर। इसलिए इन दोनों माध्यमों से जो छूट जाता था, वह टेलीविजन ने पूरा कर दिया। रेडियो और समाचार–पत्र के माध्यम से जो कहा जाता था, उसकी पुष्टि के लिए जीवन्त प्रमाण सामने नहीं आ पाते थे। लगता था कि यथार्थ का आधार इनके पास नहीं है। टेलीविजन ने जीवन्त दृश्य दिखाकर लोगों का विश्वास जीत लिया। इसके साथ ही मनोरंजन का विविधतापूर्ण खजाना घर बैठे परोस दिया। यद्यपि यह सूचना माध्यम रेडियो और समाचार–पत्र की तुलना में बहुत महँगा है, लेकिन इसके प्रभाव में हर वर्ग है और विशाल जनसमूह के सिर पर इसका जादू चढ़ा हुआ है। इसने विश्व की दूरियों को मिटा दिया है। आज समाचार–पत्र का पाठक भी उसमें टेलीविजन के कार्यक्रमों की सूचना पढ़ना नहीं भूलता।

टेलीविजन का विकास

टेलीविजन विगत तीन–चार दशकों की ही उपलब्धि है। यों, दूर तक तस्वीरों को प्रसारित करने (या कहें कि televising करने) की युक्ति 1890 ई. में ही ज्ञात हो चुकी थी और 1930 के अन्त में ब्रिटेन में 'टेलीविजन' एक घरेलू शब्द बन चुका था। जबकि संसार का पहला नियमित टेलीविजन प्रसारण सार्वजनिक स्तर पर 1936 में हुआ।

तस्वीरों को प्रभावशाली ढंग से प्रसारित करने वाला पहला उपकरण 1925 ई. में जे.एल. बेयर्ड ने बनाया था। इसके दो वर्ष बाद, बैल टेलीफोन कम्पनी में काम करने वाले एक इंजीनियर सी. एफ. जेकिंस ने पहली बार अमेरिका में प्रसारित (televised) तस्वीर दिखाई। उस समय की आरम्भिक टेलीविजन प्रणाली और आज की टेलीविजन की प्रणाली में जमीन–आसमान का अन्तर है। सैद्धान्तिक रूप से भी और व्यवहार में भी। आरम्भिक टेलीविजन यान्त्रिक थे, जबकि आज के टेलीविजन इलैक्ट्रॉनिक हैं। बल्कि और परिष्कृत होकर डिजिटल हो गये हैं। स्टूडियो में तीव्र प्रकाश जलता था जो छिद्रित डिस्क पर डाला जाता था। डिस्क घूमती थी। इससे दृश्य

पर प्रकाश बिन्दु पड़ते थे और उसकी स्केनिंग करते थे। (स्केनिंग अर्थात् उसका क्षैतिज पंक्तियों में पृथक्करण)। रिसीवर में प्रकाश की शहतीर वहाँ तीव्र होती थी, जहाँ प्रसारित दृश्य चमकीला होता था। गहरे दृश्य पर वह मद्धिम होती थी। इस प्रणाली की कमी यह थी कि तस्वीर केवल 30 पंक्तियों पर प्रसारित होती थी, जबकि आज 405, 525, 625 या 819 पंक्तियों या और अधिक पर प्रसारित होती है। इसलिए वे तस्वीरें बहुत अस्पष्ट होती थीं। आज की तस्वीरें एकदम साफ और सहज होती हैं।

टेलीविजन ने अपना अगला चरण 1930 ई. के आसपास बढ़ाया। अब यान्त्रिक प्रणाली का स्थान इलैक्ट्रॉनिक प्रणाली ने ले लिया। नये इलैक्ट्रॉनिक कैमरा एवं रिसीविंग ट्यूब (जो मारकोनी–ई.एम.आई. कम्पनी ब्रिटेन ने विकसित की थी) ने न केवल पुरानी यान्त्रिक समस्याओं को दूर कर दिया, बल्कि उन्होंने तस्वीर की गुणवत्ता को भी बढ़ा दिया। अब कम प्रकाश में भी टेलीविजन प्रसारण आसानी से हो सकता था। इसके कुछ पहले दृश्य के साथ ध्वनि को जोड़ा जा चुका था। ऐसा करने के लिए रेडियो ट्रांसमीटर में मामूली–सा परिवर्तन कर दिया गया था। आवाज वाले टी.वी. का पहला सार्वजनिक प्रसारण ब्रिटेन में 1930 में हुआ।

धीरे–धीरे टेलीविजन सारी दुनिया में तेजी से फैलने लगा। लेकिन अभी वह जनसंचार की अवधारणा से दूर था। ब्रिटेन में ही मात्र 300 व्यक्तिगत रिसीवर थे। जो 1930 से 1938 के बीच 4000 तक हो गये। सन् 1939 में तो केवल दो महीने में ही 7000 सेट बिके। फ्रांस में नियमित टीवी प्रसारण 1938 में शुरू हुआ तथा अमेरिका में 1941 में। लेकिन द्वितीय विश्व युद्ध के दौरान यूरोप में टेलीविजन प्रसारण आकस्मिक रूप से बन्द हो गया। फिर भी इस दिशा में प्रयोग चलते रहे। विश्व युद्ध के बाद प्रसारण सेवाएँ फिर शुरू हो गयीं। सन् 1953 में संयुक्त राज्य ने विश्व में सर्वप्रथम नियमित रंगीन टेलीविजन प्रसारण शुरू किया। जबकि 1952 में इंग्लैण्ड, फ्रांस, नीदरलैण्ड तथा पश्चिम जर्मनी के बीच सफलतापूर्वक पुनः प्रसारण सम्भव हुआ। 1955 में 'यूरोविज़न' नेटवर्क विधिवत देखा गया। जिसने ब्रिटेन, फ्रांस, इटली, डेनमार्क, स्विटजरलैण्ड, पश्चिम अर्मनी, बेल्जियम तथा नीदरलैण्ड को जोड़ा। सन् 1962 में सेटेलाइट के जरिए पहले जीवन्त (live) कार्यक्रम का आदान–प्रदान यूरोप तथा अमेरिका के बीच हुआ। इसके बाद तो यह सिलसिला बढ़ता ही चला गया।

भारत में प्रथम प्रायोगिक टेलीविजन केन्द्र का उद्घाटन 15 सितम्बर, 1959 को देश के प्रथम राष्ट्रपति डॉ. राजेन्द्र प्रसाद के हाथों सम्पन्न हुआ।

इसकी शुरुआत के मूल में यूनेस्को का एक सम्मेलन था। इस सम्मेलन में यूनेस्को ने भारत को 20,000 डालर का अनुदान स्वीकृत किया था। उद्देश्य था, एक जनमाध्यम के रूप में टेलीविजन के प्रयोग का अध्ययन करने हेतु एक पायलट परियोजना की स्थापना। इसे नये संचार–माध्यम को स्कूली बच्चों की औपचारिक शिक्षा में सहायता करने एवं आम आदमी को दिखाये जाने वाले सामुदायिक विकास कार्यक्रम तैयार करने के लिए शुरू किया जाना था। उस समय इन प्राथमिक उद्देश्यों को ध्यान में रख कर संयुक्त राज्य अमेरिका सरकार और यूनेस्को के सहयोग से आकाशवाणी भवन में एक छोटा–सा टेलीविजन स्टूडियो स्थापित किया गया। यूनेस्को ने टेलीक्लबों को निःशुल्क टीवी सेट दिये। ये आरम्भिक कार्यक्रम उत्साहवर्द्धक सिद्ध हुए और 1961 में उच्चतर विद्यालयों के लिए एक नियमित टीवी कार्यक्रम शुरू हुआ। 1965 में सरकार ने जनता की माँग और अनुकूल परिणामों से उत्साहित होकर शिक्षा के साथ मनोरंजनपरक कार्यक्रम बनाने और प्रसारित करने का निश्चय किया। उल्लेखनीय है कि भारत में सबसे पहला समाचार बुलेटिन 15 अगस्त, 1965 को प्रसारित हुआ।

1 अप्रैल, 1976 से हमारे यहाँ टेलीविजन 'दूरदर्शन' नाम से आकाशवाणी से अलग होकर स्वतन्त्र अस्तित्व में आ गया। आज इसके 8 चैनल हैं। और कई चैनल शुरू होने जा रहे हैं।

अपने दूरदर्शन चैनल के अतिरिक्त आज हम सैटेलाइट के जरिये–स्टार टीवी, स्टार प्लस, स्टार मूवी, स्टार स्पोर्ट्स, जी टीवी, जी सिनेमा, जी न्यूज, सोनी, सब टीवी, एम टीवी, बीबीसी, सीएनएन, ईएसपीएन, आरटीपी, सन टीवी ... आदि–आदि न जाने कितने ही चैनल देख सकते हैं। केबल के जरिये ये चैनल हमें सूचना, समाचार, मनोरंजन, शिक्षा सब कुछ परोस रहे हैं।

दृश्य माध्यमों की भाषा

दृश्य माध्यमों के लिए लेखन करना एक चुनौती–भरा कार्य है। साधारण लेखन से भिन्न इस लेखन का मुख्य गुण उसकी बिम्बधर्मिता है। लेखक को हर स्थिति में दृढ़ता और बिम्बों में सोचना पड़ता है। दूसरे, यह एक टीमवर्क है, इसलिए इस लेखन की सफलता कई प्रतिभाओं एवं यन्त्रों पर निर्भर करती है। इस दृष्टि से हमें निर्माता, निर्देशक, निर्माण–सहायक, मंच या तल प्रबन्धक, प्रतिभा (टेलेन्ट) अथवा अभिनेता, कैमरामैन, दृश्यबन्ध अभिकल्पकार, लेखाचित्र कला पर्यवेक्षक एवं कलाकार, रूपसज्जाकार तथा

अन्य कर्मियों (यथा–वेश पर्यवेक्षक, सामग्री पर्यवेक्षक, लाइब्रेरियन, चित्रकार आदि) की आवश्यकताओं–सुविधाओं आदि को ध्यान में रखना पड़ता है।

टेलीविजन की भाषा पर ध्यान देना जरूरी है। हर माध्यम की अपनी भाषा होती है। फिल्म और टेलीविजन की अपनी भाषा है। यहाँ शब्द भी बोलते हैं, रंग भी, चेहरे भी, मौन भी, संगीत भी।

टेलीविजन में तात्कालिकता और गति पर बल रहता है। यह माध्यम घटनाओं को ज्यों–का–त्यों प्रसारित करता है। इसमें जीवन को पकड़ने और उसे अत्यन्त यथार्थ के साथ पुनः प्रस्तुत करने की अनुपम क्षमता होती है। यह सभी तरह की गतिविधियों की नवीनतम सूचना देने में समर्थ है।

डॉ. हरिमोहन ने टेलीविजन समाचार–लेखन के लिए कई महत्त्वपूर्ण बातों को रेखांकित किया है। वे कहते हैं कि जहाँ तक टेलीविजन समाचारों के लेखन का प्रश्न है, लेखक को ध्यान रखना होता है कि इनमें निम्नांकित विशेषताएँ रहें :

(1) घटना में तारतम्यता–समाचार की विषयवस्तु और दृश्य एवं चित्र–सामग्री के क्रम में सामंजस्य रहना चाहिए। यह तारतम्य सहज हो, बनावटी न हो। घटना को उसी क्रम में दिया जाये जिस क्रम में वह घटी है। उदाहरण के लिए किसी राजनेता द्वारा किसी सरकारी भवन या पुल, सड़क आदि का उद्‌घाटन किया गया है। इस अवसर पर उसने लम्बा भाषण भी दिया है। इस समाचार को टेलीविजन पर प्रसारित किया जाना है, तो समाचार–लेखक को एक संक्षिप्त समाचार के रूप में देना होगा कि राजनेता द्वारा कही गयी मुख्य बात अथवा घोषणा पहले रखी जायेगी और कहा जायेगा कि यह बात उन्होंने इस अवसर पर कही। दृश्य पहले उद्‌घाटन का रहेगा (दीप प्रज्वलन या फीता काटने का) तब भाषण का और भीड़ का। कहने का अर्थ यह है कि इन चित्रों या दृश्यों में क्रम का ध्यान रखा जायेगा। जो घटना या आयोजन पहले हुआ है उसका दृश्य पहले आयेगा जो घटना बाद की है, उसका दृश्य, बाद में रहेगा।

(2) चित्रात्मकता–टेलीविजन–समाचारों में चित्रात्मकता आवश्यक होती है। मुद्रण माध्यम में जिस तरह छपे हुए शब्द महत्त्व रखते हैं, रेडियो में ध्वनि महत्त्व रखती है, उसी तरह यहाँ श्रव्य और दृश्य महत्त्वपूर्ण हैं। शब्दों का कम–से–कम प्रयोग करते हुए दृश्यों या चित्रों को अधिक–से–अधिक बोलने का अवसर दिया जाता है। अतः टेलीविजन के लिए समाचार लिखते समय उसके उस अंश को अधिक उजागर किया जाता है, जिसमें दृश्य या

चित्र के उपयोग की सम्भावनाएँ अधिक होती हैं। आपने देखा होगा कि कई बार किसी समाचार में घटनास्थल का दृश्य/वीसीआर कवरेज या चित्र उपलब्ध नहीं होता, तो ऐसी स्थिति में पुराने फाइल चित्रों, ग्राफिक्स, पेंटिंग आदि की सहायता ले ली जाती है।

(3) संक्षिप्तता–टेलीविजन समाचार जितना संक्षेप में लिखा जाये उतना ही अच्छा रहता है। लिखित और बोले गये समाचार की अपेक्षा 'दिखाये गये' समाचार की विश्वसनीयता अधिक होती है। अधिक शब्द कभी–कभी चित्रात्मक अभिव्यक्ति में बाधक हो जाते हैं।

(4) सम्भाषणशीलता–टेलीविजन क्योंकि श्रव्य–दृश्य माध्यम है, इसलिए इसके समाचारों में चित्र के साथ–साथ ध्वनि के कलात्मक उपयोग पर भी ध्यान दिया जाता है। किसी राजनेता के भाषण का अंश, समाचार से जुड़े किसी व्यक्ति से संक्षिप्त बातचीत आदि तत्त्व जहाँ समाचार को विश्वसनीय बना देते हैं, वहीं जीवन्त, रोचक, आकर्षक और प्रभावशाली भी। इसी तरह किसी पर्व–त्यौहार, मेले, प्रदर्शनी, आदि के समाचारों (सांस्कृतिक समाचारों) में संगीत का समावेश करके आकर्षक बनाया जा सकता है। किसी के बयान को उसी व्यक्ति के मुख से कहलवाया जाना चाहिए।

(5) रिपोर्ट का समायोजन–टेलीविजन समाचारों में घटनास्थल की रिपोर्ट विशेष रूप से उपयोग में लायी जाती है। सम्भाषण के इस्तेमाल का यह सबसे अच्छा उपाय है। इसमें किसी समाचार को उसकी पृष्ठभूमि के साथ दृश्य–रूप में किसी संवाददाता अथवा अन्य व्यक्ति के स्वर में प्रस्तुत किया जाता है। ऐसा करके हम कम–से–कम शब्दों में अधिक–से–अधिक ज्ञानवर्द्धक सामग्री एवं सूचना प्रेषित कर सकते हैं। ऐसा करते हुए समाचार–वाचक कम बोलता है, संवाददाता दर्शकों से सीधे सम्बोधित रहता है। अतः दर्शक सन्तुष्ट रहते हैं कि उन्हें सीधी (first hand) जानकारी मिल रही है। संवाददाता के साथ मानो दर्शक भी घटनास्थल पर पहुँच जाते हैं। इससे समाचार–रोचक, आकर्षक, विश्वसनीय और सीधे–सीधे मनोमस्तिष्क पर प्रभाव डालने वाला बन जाता है।

(6) समय–सापेक्षता–समय का ध्यान रखना टेलीविजन और रेडियो दोनों माध्यमों के लिए अनिवार्य शर्त है। इसलिए इन माध्यमों के लिए समाचार लिखने वाले व्यक्ति को समय–सीमा का ध्यान रखना होता है। प्रायः 10 से 20 मिनट के समाचार बुलेटिन होते हैं। कभी–कभी तकनीकी कारणों से या अन्य किसी कारण से रुकावट आ जाती है, इस सम्भावना

का भी ध्यान रखा जाता है। मान लें किसी समाचार के साथ दिये जाने वाले दृश्य का टेप ऐन वक्त पर खराब हो जाये, उसे दिखाने में जितना समय लगता (2–4 सेकण्ड), वह बच गया। अब क्या किया जाये? इस चिन्ता से मुक्ति के लिए कोई पूरक समाचार लिखकर रख लेना ठीक रहता है। दो या तीन ऐसे पूरक समाचार रख लेने चाहिए, जो अपेक्षाकृत कम महत्त्व के हों और जिनमें चित्रों या दृश्यों की आवश्यकता न के बराबर हो।

कई बार समाचार बुलेटिन तैयार हो जाने के बाद बीच में अचानक कोई ऐसा समाचार आ जाता है, जो विशेष महत्त्व का होता है या चयन किये गये समाचारों में से किसी एक समाचार की अगली कड़ी के रूप में होता है। ऐसे में उसे भी बुलेटिन में सम्मिलित करना जरूरी हो जाता है। ऐसे समाचार को 'फ्लैश' कहते हैं। इसे समाचार वाचक भी इस रूप में पढ़ सकता है–"अभी–अभी समाचार मिला है कि।" कहने का अर्थ यह है कि समाचार लेखक और सम्पादक को ऐसी स्थितियों का भी ध्यान रखना चाहिए, ताकि समय–सीमा का अतिक्रमण न हो और यह भी न हो कि समय बच जाये।

(7) संगीतात्मकता एवं रोचकता–समाचारों में संगीत तत्त्व को सँजोकर मनोरंजन की सृष्टि की जा सकती है। कुछ समाचारों में भाषा की नाटकीयता और हल्केपन से रोचकता भी लायी जा सकती है। आप विभिन्न टीवी चैनल्स पर प्रसारित समाचार देखते होंगे। कई समाचार ऐसे होते हैं, जो संगीत का प्रभाव लिये हुए होते हैं। ये हल्के–फुल्के विषय पर या मनोरंजनपरक, सूचना या ज्ञानपरक श्रेणी के होते हैं। ऐसे समाचारों को 'कोमल' (soft news) कहा जाता है। इनको लिखने का ढंग अन्य समाचारों से अलग है। संक्षेप में टेलीविजन समाचारों की विशेष रूप से भाषा सम्बन्धी विशेषताएँ इस प्रकार हैं–

(1) भाषा सरल और सर्वग्राह्य (अधिक–से–अधिक लोगों की समझ में आने वाली) होनी चाहिए।

(2) वाक्य छोटे–छोटे और सरल हों।

(3) ऐसा प्रयास रहे कि एक बात एक ही वाक्य में आ जाये।

(4) बोलचाल के शब्द और मुहावरे ऐसे होने चाहिए जो जनमानस में रच–बस गये हैं। कठिन शब्दों से जितना बचा जा सके, उतना ही अच्छा रहता है। ऐसा होने पर समाचार–वाचक को भी सुविधा रहती है।

(5) अन्य भाषाओं के प्रचलित शब्दों को आवश्यकतानुसार अपनाने में हिचक नहीं होनी चाहिए। शर्त यही है कि उन्हें अधिक–से–अधिक लोग समझ सकें।

(6) समाचारों की शब्दावली में विविधता होनी चाहिए, ताकि समाचार सुनते समय श्रोता एवं दर्शक ऊबें नहीं। एक ही समाचार बुलेटिन में या समाचार में एक जैसे शब्दों की भरमार उनका प्रभाव खत्म कर देती है और एकरसता आ जाती है।

(7) यह भी ध्यान में रखना चाहिए कि एक ही व्यक्ति का नाम बार–बार न आये। यदि ऐसा करना आवश्यक हो तो कभी उसका उपनाम लिया जा सकता है, कभी उसके पद का नाम, किन्तु ये भी बार–बार न आयें।

(8) पूरा समाचार लिख लेने के बाद उसे कई बार पढ़कर उसकी भाषा को सुधार लेना चाहिए। भाषा सदैव सहज, सरल, सुबोध और रोचक हो। सारे तथ्य स्पष्ट हों। समय, तिथि, घटनास्थल, समाचार में सम्मिलित व्यक्ति विशेष के नाम इत्यादि बातों की सावधानीपूर्वक जाँच कर लेनी चाहिए।

समाचार के अतिरिक्त अन्य कार्यक्रमों के पटकथा लेखन में भाषा की शर्तें अलग हो सकती हैं। साथ ही उनमें दृश्य योजना बनाकर कई खण्डों में पटकथा लिखी जाती है। पटकथा का कंकाल (उसका स्टेप आउट लाइन) बहुत विस्तृत और अंग–उपांगों में बँटा हुआ रहता है। उसमें प्रायः तीन अंक होते हैं। पहले अंक में सेटअप, दूसरे में टकराहट, द्वन्द्व या संघर्ष की योजना रहती है और तीसरे अंक में चरमोत्कर्ष या समाधान। दृश्य लेखन के लिए बिम्बों की सृष्टि की जाती है और एक तरह से दृश्य की व्याख्या की जाती है।

किसी भी टेलीविजन कार्यक्रम के लेखन के लिए यह आवश्यक है कि पहले शोधकार्य कर लिया जाये, तब लिखने बैठा जाये। पूरे कथानक को, घटनाचक्र को, दृश्यों को अपने भीतर रचा–बसा लेना होता है। कल्पना शक्ति से भी काम लिया जाता है। संगीत–प्रभाव के बिन्दु सोचे जाते हैं।

इण्टरनेट

सूचना प्रौद्योगिकी के क्षेत्र में जिस नवीनतम माध्यम ने क्रान्ति उपस्थित की है, वह है 'इण्टरनेट'। यह इस शताब्दी का मनुष्यता को दिया गया

सर्वश्रेष्ठ उपहार है। यह हाई–टेक का पर्याय है और सूचना–क्रान्ति का संवाहक। सही अर्थों में दुनिया को एक गाँव में इसी तन्त्र ने बदला है। रोचक बात तो यह है कि इण्टरनेट अपने आप में स्वतन्त्र रूप से कोई आविष्कार नहीं है, बल्कि यह कम्प्यूटर और टेलीफोन की व्यवस्थित जोड़–गाँठ से बना संजाल है। बहुत–सी प्रौद्योगिकियों को मिलाकर किया गया एक अभिनव प्रयोग। एक रोचक वैज्ञानिक तन्त्र जाल। ऐसा ग्लोबल संजाल, जिसमें सूचना, संचार और तकनीक का साझा उपयोग किया जाता है। जिसमें तमाम तरह की सूचनाएँ निरन्तर बहती रहती हैं। 'इण्टरनेट' (चाहें तो हिन्दी प्रेमी इसे 'अन्तरताना' भी कह सकते हैं।) अद्यतन सूचना एवं संचार प्रौद्योगिकी है। इसे कुछ लोग 'वर्ल्ड वाइड वेब' (w.w.w.) (विश्व व्यापी तरंग) कहते हैं, किन्तु इण्टरनेट विशेषज्ञ इस नाम से सहमत नहीं हैं। इसके और भी कई नाम हैं। जैसे–साइबर स्पेस, सुपर हाइवे, इन्फॉर्मेशन सुपर हाईवे, द नेट, या ऑन लाइन आदि। इन सबका समान रूप से प्रयोग हो रहा है। कई बार ये एक दूसरे के पर्याय के रूप में भी प्रयुक्त होते हैं।

इण्टरनेट का विकास और स्थापन संयुक्त राज्य अमेरिका की राष्ट्रीय विकास अकादेमी द्वारा सन् 1990 में किया गया। वस्तुतः इसका जन्म सन् 1969 में हुआ माना जाना चाहिए, जब अमेरिका की सर्वोन्नत रक्षा अनुसंधान परियोजना एजेंसी ने कैलीफोर्निया विश्वविद्यालय के कुछ छात्रों को एक परियोजना पर काम करने के लिए दिया। परियोजना की समस्या थी–दो या अधिक कम्प्यूटरों के बीच संवाद किस तरह स्थापित हो? इस अभिकल्पना और संरचना के मूल में उद्‌देश्य था–स्कूल, कॉलेज, विश्वविद्यालयों, राज्य सरकारों, इंटलेक्चुयल सोसाइटीज, व्यावसायिक संगठनों, वाणिज्यिक फर्मों तथा मिलिट्री कन्टोन्मेण्ट बेस आदि को आपस में जोड़ना, ताकि परस्पर गतिविधियों और सूचनाओं का आदान–प्रदान होता रहे। विशेष उद्‌देश्य था परमाणु हमला या प्राकृतिक आपदा की स्थिति में भी संचार का नेटवर्क काम करता रहे। इस परियोजना को पूरा करने में उस समय अध्ययनरत लियोनार्ड क्लीनराक नामक शोधछात्र को सफलता मिली थी। इस समय वे इसी विश्वविद्यालय में इस विषय के प्रोफेसर हैं।

एक तरह से यह 'पारिवारिक नेटवर्क' बनाया गया था और इस पर अमेरिका के रक्षा अनुसन्धान विभाग का ही अधिकार था, किन्तु आज यह अमेरिका के रक्षा अनुसन्धान विभाग से निकलकर आईबीएम, माइक्रोसॉफ्ट, एपल, नेट्‌सकेप जैसी व्यावसायिक कम्पनियों के हाथों में आ गया है।

आज इससे अनुमानतः 60 लाख से अधिक कम्प्यूटर आपस में जुड़े हुए हैं और यह 160 से अधिक देशों के 400 लाख से अधिक उपभोक्ताओं को अपनी सेवाएँ उपलब्ध करा रहा है। यह संख्या निरन्तर बड़ी तेजी से बढ़ रही है। आज कोई भी व्यक्ति ज्ञान के इस अथाह सागर से दुनिया के किसी भी कोने में बैठकर किसी भी विषय पर घर बैठे सूचना प्राप्त कर सकता है। घर बैठे ही क्यों, वह चाहे तो यात्रा में भी ऐसा कर सकता है।

इण्टरनेट की लोकप्रियता के कारण कई हैं, यथा–

(1) यह सूचना–प्राप्ति का सहज–सरल और आकर्षक माध्यम है।

(2) विश्व के सभी देशों में कम्प्यूटर निरन्तर सस्ते होते जा रहे हैं; कीमतों की कमी के चलते इण्टरनेट–सुविधा उच्च वर्ग की ही नहीं, अपितु मध्यम वर्ग के लोगों की पहुँच में है।

(3) समय की कमी।

(4) सूचना, ज्ञान और मनोरंजन के साझे उपयोग की आवश्यकता और सुविधा।

(5) समृद्ध ज्ञान–भण्डार में से मनचाही सामग्री को कम कीमत में जब चाहे तब प्राप्त करने की सुविधा।

(6) किताबों और शोधपत्रों की कीमतों में वृद्धि और इसकी तुलना में कुल मिलाकर कम खर्चीला माध्यम।

(7) न कागज–स्याही का झंझट, न पुराने जमाने की डाक–व्यवस्था की दरकार। चाहें तो प्राप्त सूचना का प्रिण्ट निकाल लें।

क्या है इण्टरनेट?–सूचना, आँकड़े, दस्तावेज, पत्रावलियों आदि के आदान–प्रदान के लिए एक ही जगह कुछ कम्प्यूटरों को एक–दूसरे के साथ जोड़ना इण्टरनेट कहलाता है। ये सभी कम्प्यूटर एक 'सर्वर' (मुख्य कम्प्यूटर) द्वारा एक–दूसरे से जुड़े रहते हैं। उदाहरण के लिए कोई व्यक्ति उस बैंक में जाता है, जहाँ उसका खाता खुला हुआ है। उसने टेलर के पास जाकर अपने खाते में से पैसा निकाला। उसके द्वारा निकाली गयी रकम की सूचना 'सर्वर' के माध्यम से सम्बन्धित क्लर्क के कम्प्यूटर में भी दर्ज हो जायेगी। इस व्यवस्था को 'लोकल एरिया नेटवर्क–लैन' कहते हैं। यह स्थानीय नेटवर्क हुआ। इस तरह के अनेकानेक नेटवर्कों तथा कम्प्यूटरों को उपग्रह के जरिये पूरे विश्व में आपस में जोड़ दिया जाता है। इसे 'विश्वव्यापी जाल' (वर्ल्ड वाइड वेब) कहा जाता है। इसी का संक्षिप्त नाम है–डब्ल्यूडब्ल्यूडब्ल्यू.। इस तरह हम कह सकते हैं कि इण्टरनेट

बहुत सारे स्थानीय नेटवर्कों का नेटवर्क है, जालों का जाल–महाजाल है। इससे जुड़ने के लिए आपके पास होना चाहिए एक ठीक–ठाक–सा पर्सनल कम्प्यूटर और एक टेलीफोन कनेक्शन। बस आपको यह करना है कि इण्टरनेट की सुविधा प्रदान करने वाली एमटीएनएल जैसी किसी कम्पनी में कुछ पैसे जमा करके आपको कनैक्शन लेना है और अपना खाता खुलवाना है। इसके लिए आपको एक गुप्त कोड (पासवर्ड) मिलता है, ताकि आपकी गोपनीयता बनी रहे और आपके इण्टरनेट कनैक्शन का दूसरों के हाथों में पड़कर गलत उपयोग न हो।

इण्टरनेट के उपयोग–इण्टरनेट के उपयोग जीवन की आवश्यकताओं के अनुरूप असंख्य हैं। इण्टरनेट का उपयोग अब केवल उच्चस्तरीय शोधकार्यों तक ही सीमित नहीं है, बल्कि हमारे जीवन के दिन–प्रतिदिन के कामों में इसकी उपयोगिता निरन्तर बढ़ती चली जा रही है। यही कारण है कि प्रयोक्ताओं के सर्वथा अनुकूल हजारों कम्प्यूटरों के समूह से रचे गये इस इलेक्ट्रॉनिक सूचना संजाल ने करोड़ों लोगों को आपस में जोड़ दिया है। अब हम बातचीत और गपशप (चैटिंग) से लेकर गहन शोधपरक सूचनाओं, उपयोगी डाटा, मनोरंजक सन्देश और उपयोगी जानकारी तक सब कुछ आपस में बाँट सकते हैं; बेशक हम एक–दूसरे के आमने–सामने न हों। डॉ. एच. बालसुब्रह्मण्यम् के शब्दों में, 'हरि अनन्त हरि कथा अनन्ता' की तरह ब्रह्माण्ड से जुड़ा यह इलैक्ट्रॉनिक पिण्ड आपका हर काम कर देता है। एक ऐसा गुलाम जो आपकी गलतियों की ओर भी संकेत देते हुए सही रास्ता सुझा सकता है बिना वेतन माँगे 'पीर बावर्ची भिश्ती खर' बनकर सारा काम करता है। 'ब्राउजिंग' अर्थात् ज्ञानलोक का संचार, ई–बैंकिंग, ई–वाणिज्य, ई–प्रशासन, खेल, चैट–गपशप, मनोरंजन, ई–कॉन्फ्रेंस, शिक्षा, योगासन, पाक कला, अध्यात्म, बागवानी जो भी गतिविधि याद आये सब इसमें है और जिन गतिविधियों की आपने कल्पना नहीं की होगी वह भी यहाँ है। केवल 'सर्च' करने की जरूरत है। यह अजीब दुनिया देश–काल के बन्धन के बिना सबकी अपनी है और इस विचित्र संसार के निर्माता हम सब विश्व–मानव हैं। आप अपनी साइट बना सकते हैं और बनी–बनायी साइट में जाकर अपनी प्रतिक्रिया व्यक्त करते हुए बहस में भाग ले सकते हैं।

इण्टरनेट के उपयोग के मुख्य क्षेत्र पाँच हैं–

1. ई–मेल
2. बातचीत, गपशप (चैटिंग)

3. ई–बैंकिंग
4. ई–कॉमर्स
5. ई–प्रशासन

इण्टरनेट और हिन्दी

इण्टरनेट पर अंग्रेजी का ही वर्चस्व है, लेकिन अन्य भाषाएँ भी पीछे नहीं हैं। पहले कठिनाई थी, अब नहीं। आज जब जापान, चीन, थाईलैण्ड जैसे देश अपनी भाषा और लिपि में बिना किसी रुकावट के काम कर सकते हैं, तो हम क्यों नहीं? अन्य भारतीय भाषाओं की बात यहाँ न करें, तो कम–से–कम हिन्दी में अब यह सुविधा उपलब्ध है। भारतीय भाषाओं (और हिन्दी के साथ भी) यह कठिनाई है कि अलग–अलग समाचार–पत्र, पत्रिकाएँ तथा पोर्टल अपने–अपने फॉण्ट इस्तेमाल करते हैं, इसलिए उनमें विविधता होती है। यह ठीक है कि इससे उनकी पहचान बनी रहती है और कलात्मक प्रस्तुति में आसानी रहती है, किन्तु जब तक इण्टरनेट के उपभोक्ता उनके फॉण्ट को अपने कम्प्यूटर में डाउनलोड नहीं कर लेते, तब तक उनका उपयोग नहीं कर सकते। हालाँकि यह करना सरल है। आप सम्बन्धित वेबसाइट से उन फॉण्ट्स को ले सकते हैं। इसके बिना हमें उस बदले हुए फॉण्ट की जगह 'जंक सामग्री (चित्रलिपि या कुछ विचित्र–से चिह्न) ही दिखाई देंगे। सभी संस्थाएँ या वेबसाइट यदि एक–जैसे फॉण्ट्स का उपयोग करें, तो यह कठिनाई दूर हो सकती है।

इस दिशा में सी–डैक, पुणे ने 'लीप ऑफिस', आइएसएम ने इस्फॉक, इण्डियापेज जैसे बहुभाषी फॉण्ट्स के सॉफ्टवेयर–कार्यक्रम उपलब्ध कराये हैं। इससे हमारी समस्या बहुत कुछ हल हो चुकी है। कई विदेशी कम्पनियाँ भी इस प्रयास में जुटी हैं। जैसे–अमेरिकन कम्पनी ट्रांसपेरेंट लैंग्वेज की ओर से तैयार किया गया विश्व की सौ भाषाओं का सॉफ्टवेयर 'यूनीटाइप ग्लोबल राइटर 98' जिसमें हिन्दी ही नहीं संस्कृत, उर्दू, पंजाबी, मराठी, बंगाली, तमिल, तेलुगू के फॉण्ट एक ही की–बोर्ड पर उपलब्ध हैं।

इण्टरनेट पर भारतीय भाषाओं के आगमन का पहला अवसर हिन्दी पोर्टल 'वेब दुनिया' को मिला। वेब दुनिया के संस्थापक एवं मुख्य कार्यकारी अधिकारी श्री विनय छजलानी हैं। इण्टरनेट पर हिन्दी एवं अन्य भारतीय भाषाओं के समन्वय विषयक उनकी परिकल्पना का परिणाम है वेब दुनिया। विश्व की पहली वेबसाइट 'नयी दुनिया.कॉम', पहली बहुभाषी ई–मेल सेवा 'ई–पत्र' और पहला हिन्दी पोर्टल 'वेब दुनिया.कॉम' इण्टरनेट पर लाया

गया, तब उम्मीद नहीं थी कि इसका इतना स्वागत होगा।

'ई–पत्र' की उल्लेखनीय विशेषताएँ हैं :

(1) बहुभाषी ई–मेल सेवा।

(2) किसी भी भाषा के टंकण का ज्ञान अनिवार्य नहीं।

(3) साधारण रोमन अंग्रेजी की–बोर्ड से ही कोई भी व्यक्ति ई–मेल टाइप करके प्रेषित कर सकता है।

(4) ध्वन्यात्मक लिप्यंतरण की अनूठी पद्धति का प्रयोग।

(5) किसी भी भाषा के फॉण्ट डाउनलोड करने की आवश्यकता नहीं।

यह सुखद सम्भावना व्यक्त की जा रही है कि हमारे देश में इण्टरनेट का प्रचलन बढ़ने के साथ आधी आबादी ऐसी होगी जो इसका इस्तेमाल अपनी मातृभाषा में करेगी, न कि अंग्रेजी में। दुनिया में अंग्रेजी न बोलने वाले देशों का उदाहरण इस बात का संकेत है। यदि आप यह समझते हैं कि इण्टरनेट की भाषा केवल अंग्रेजी है, तो शायद आप पूरी तरह सही नहीं हैं। इण्टरनेट प्रयोग करने वाली विश्व की 45 प्रतिशत आबादी के लिए नेट पर अंग्रेजी, दूसरी भाषा है। आने वाले समय में गैर–अंग्रेजी भाषी लोगों की बहुत बड़ी संख्या इण्टरनेट का इस्तेमाल करने लगेगी। ऐसे में यह आवश्यकता अनुभव की गयी है कि इण्टरनेट को स्थानीय भाषाओं के और अधिक अनुरूप बनाया जाये। इसी का परिणाम है हिन्दी सहित नौ भारतीय भाषाओं में डोमेन नेम की शुरुआत। 'नेटवर्क सॉल्यूशंस' के एशिया–प्रशान्त क्षेत्र में मैनेजिंग डायरेक्टर अर्थात् चांग के अनुसार उनकी कम्पनी द्वारा दी जा रही इस सुविधा में भाषाओं की सीमाएँ टूटेंगी और लोग अपनी मातृभाषा में इण्टरनेट पर आसानी से और ज्यादा–से–ज्यादा लोगों के साथ संचार कर सकेंगे।

वर्तमान में भारत में लगभग 46 लाख लोग इण्टरनेट का प्रयोग कर रहे हैं। यह संख्या लगातार बढ़ रही है। आने वाले वर्षों में यह आँकड़ा 75 लाख और सन् 2005 तक साढ़े तीन करोड़ से भी अधिक हो जाने का अनुमान है।

और अब तो जल्दी ही वॉयस सर्फिंग–सेवा शुरू हो जायेगी। तब माउस की क्लिक–क्लिक से छुटकारा मिल जायेगा। इण्टरएक्टिव स्पीच टेक्नोलॉजी से यह काम होगा। कुल मिलाकर इण्टरनेट का परिदृश्य हिन्दी भाषाभाषी समाज के लिए बहुत उज्ज्वल है।

संचार क्रान्ति और हिन्दी पत्रकारिता

तीव्र वैचारिकता के प्रतिफल का ही नाम है–'पत्रकारिता' जो जीवन्त समाज का अभिन्न अंग है। जिस समाज की चेतना जितनी प्रखर होती है, वहाँ पत्रकारिता का विकास भी उतनी ही शीघ्रता से होता है। जिज्ञासु मस्तिष्क को नये एवं विविध तथ्यों की जानकारी और विश्व की विभिन्न परिस्थितियों का ज्ञान पत्रकारिता ही करा सकती है। पत्रकारिता का मुख्य उद्देश्य ही है–सम्पूर्ण समाज के समग्र स्वरूप को सबके लिए सामने लाना। समाज के सभी लोगों की जानकारी के लिए गोपनीय से गोपनीय विषयों का रहस्योद्घाटन पत्रकारिता की सफलता का मूल तत्त्व है। इसी प्रकार, सक्रियता तथा नियमितता से पत्रकारिता की जीवनी–शक्ति प्रमाणित होती है। पत्रकारिता समाज में जागरूकता का वातावरण उपस्थित करने में सहायक होती है।

संचार क्रान्ति का दौर

सूचना प्रौद्योगिकी के अधिकाधिक प्रयोग एवं इण्टरनेट के विस्तार के कारण, मानव–जीवन की विभिन्न क्षेत्रों की गतिविधियों में क्रान्तिकारी परिवर्तन आये हैं। इसका प्रभाव समाज की अर्थव्यवस्था एवं प्रशासनिक व्यवस्था पर व्यापक रूप से पड़ा है। व्यापारिक एवं वाणिज्यिक गतिविधियों में इस प्रौद्योगिकी ने एक विशेष स्थान अर्जित कर एक नयी अर्थव्यवस्था का सूत्रपात ई–वाणिज्य (ई–कॉमर्स) के रूप में किया है। ई–कॉमर्स ने व्यापार करने के तरीकों में आमूल–चूल परिवर्तन कर, नयी व्यापारिक सम्भावनाओं के लिए मार्ग खोल दिये हैं। सूचना प्रौद्योगिकी की सार्वभौमिकता, इण्टरनेट, इंट्रानेट तथा एक्स्ट्रानेट को संयुक्त रूप से प्रयोग में ला कर, ई–कॉमर्स ने व्यापार को एक नयी दिशा और गति प्रदान की है। सम्पूर्ण विश्व की अर्थव्यवस्था का ग्लोबलाइजेशन हो रहा है तथा भौगोलिक सीमाओं से परे, व्यापार के नये मानदण्ड स्थापित हो रहे हैं, जिससे ई–कॉमर्स की महत्ता बढ़ जाती है। टेलीफोन, टेलेक्स, टेलीप्रिन्टर, टीवी, रेडियो, डिजिटल माइक्रोसॉफ्ट, ऑप्टिकल फाइबर, केबल, डॉटकाम, इण्टरनेट,

सॉफ्टवेयर, हार्डवेयर अर्थात् नवीनतम संचार उपकरण पुरानी तकनीकों से अधिक प्रभावशाली हैं। इसका प्रभाव–क्षेत्र भी कई गुना अधिक विस्तृत है। आधुनिक संचार तकनीक का मूल आधार है–कम्प्यूटर। इण्टरनेट विश्व का सबसे बड़ा कम्प्यूटर नेटवर्क है, जो पूरी दुनिया के कोने–कोने में फैला हुआ है।

पत्रकारिता में तकनीकी और प्रौद्योगिकी बदलाव स्पष्ट हैं। जिस हिन्दी में ज्ञान, दर्शन, अध्यात्म और रचनात्मक सृजन के मानदण्ड रचे गये हों, उसके लिए यह स्वाभाविक भी है कि अब वह आधुनिक तकनीकों से अपना तालमेल बनाये। सूचना तकनीकी के अधिकाधिक प्रयोग और विशेष रूप से इण्टरनेट के फैलाव के कारण सारी दुनिया के दृष्टिकोण में तेजी से बदलाव आ रहा है। जिस गति से दुनिया में सूचनाओं का आदान–प्रदान हो रहा है, कारोबार होने लगा है और मनोरंजन के साधनों का विस्तार हो रहा है, उसी अनुपात में इण्टरनेट एक क्रान्तिकारी माध्यम के रूप में उभर रहा है। इसका लोगों, परिवारों, पूरे समाज, अर्थव्यवस्था और देशों की प्रशासनिक व्यवस्था पर गहरा असर है। पत्रकारिता इससे अछूती नहीं है। प्रिण्ट मीडिया में काम करने वाले लोग दिनोंदिन अपनी जानकारी और स्रोतों के लिए इण्टरनेट को अपनाने लगे हैं। राष्ट्रीय और प्रादेशिक स्तर का शायद ही कोई बड़ा अखबार हो जिसके पास इण्टरनेट का अपना कनेक्शन न हो।

इण्टरनेट के विस्तार के साथ ही बड़ी संख्या में पोर्टल और वेबसाइटें आकार लेने लगी हैं। इन पर समाचार और उसके अलावा, तरह–तरह की सामग्री दिखाई देती है। भारत में प्रशिक्षित पत्रकारों की साइबर जमात नहीं के बराबर है। प्रिण्ट मीडिया के लोग ही इसको सँभाले हुए हैं। साइबर पत्रकारिता के क्षेत्र में बहुत विस्तार और बदलाव आना है। हालाँकि आज भारत में कम्प्यूटर, सूचना–तकनीक और इण्टरनेट का इस्तेमाल ज्यादातर अंग्रेजी जानने वाले लोगों तक ही सीमित है, लेकिन नेट को जनसंचार और लोगों के मनोरंजन का माध्यम तो बनना ही है, हिन्दी में इसका प्रयोग होगा ही।

पत्रकारिता पाठ्यक्रमों में इस तरह के बदलाव सुनिश्चित हैं जो एक ओर प्रिण्ट मीडिया के कर्मियों को इण्टरनेटसेवी बना सकें तो दूसरी ओर नेट पत्रकारों को उपयोगकर्ता की विशेष जरूरतों के मुताबिक जानकारी परोस सकें।

समाचार–सागर का मन्थन करके उपभोक्ता के लिए अमृत निकालने

का काम आसान नहीं है। अब सूचना को पाने, सँभालने, सँजोने और पिरोने का काम किसी एक के बस का नहीं है। इसके लिए अलग–अलग विषयों के सम्पादकों और विश्लेषकों की टीम जरूरी है। जो लोग मूल समाचार लिखते हैं उन्हें भी अपने रवैये में बदलाव लाना पड़ेगा और घटना या समाचार को बिना कोई रंग दिये वस्तुनिष्ठ (ऑब्जेक्टिव) तरीके से, जल्द से जल्द सूचना संग्राहक (रिसीवर) तक पहुँचाने की जिम्मेदारी निभानी होगी। समाचारों को पठनीय बनाने के लिए सन्दर्भ ढूँढ़ने और विश्लेषण करने के मोह को भी छोड़ देना होगा। यह काम डेस्क पर बैठे रिफरेन्सरों और विश्लेषकों को करने देना होगा जो इसके विशेषज्ञ होते हैं। जिस पद्धति से समाचारों को वर्गीकृत किया जाता है उसी पद्धति से आडियो–विजुअल रिकॉर्ड को भी सँजोया जा सकता है और उपभोक्ता तक पहुँचाया जा सकता है।

मीडिया विशेषज्ञ मार्शल मैक्लूहन की पुस्तक "The medium is message" 'माध्यम ही सन्देश है' द्वारा सुस्पष्ट है कि सूचना का उतना महत्त्व नहीं है जितना सूचनातन्त्र का। सूचना आज निर्णायक ताकत के रूप में उभरी है, इसका तन्त्र आज न केवल विचारधारा के नियन्त्रण से मुक्त है अपितु सत्य तो यह है कि विचारधारा ही सूचनातन्त्र के जरिए नियन्त्रित हो रही है। आर्थिक, सामाजिक, राजनीतिक, सामरिक हर क्षेत्र में सूचनातन्त्र की निर्णायक भूमिका है। यही नहीं, शेयर बाजार का मिजाज तीव्र सूचना माध्यम तय करते हैं न कि गतिशील विकास–दर।

सूचना के प्रसारक टेलीफोन, टेलीग्राफ और टेलेक्स अब पुराने पड़ते जा रहे हैं। ई–मेल (इलेक्ट्रॉनिक डाक), ई–फैक्स, सेल्यूलर फोन, पेजर, टेली टैक्स्ट तथा कम्प्यूटर डेटा बैंक आगे बढ़ रहे हैं। माइक्रोचिप्स, उपग्रहों, माइक्रो तरंगों, रोबोट शोध प्रचलित हैं। कम्प्यूटर नेटवर्किंग ने पैर जमाना प्रारम्भ कर दिया है। 'विदेश संचार निगम लिमिटेड, नेशनल इन्फॉर्मेटिक्स सेण्टर, सी–डॉट (सेण्टर फॉर डेवलपमेण्ट आफ टेलीकम्यूनिकेशन्स) द्वारा सूचना का प्रवाह अत्यन्त द्रुतगति से चल रहा है। इण्टरनेट की बहुआयामी सक्रियता और तकनीकी कौशल को समाचारों की विशाल दुनिया से जोड़कर, सूचना–जगत् में उस क्रान्ति का रास्ता आसान किया जा सकता है, जहाँ खबर देने वाले और लेने वाले एक–दूसरे को अच्छी तरह समझते हैं। जहाँ उपभोक्ता को महज सूचना का कूड़ापात्र नहीं समझा जाता बल्कि उसे उसकी रुचि के मुताबिक ठोस सूचनाएँ पेश की जाती हैं।

कुछ दिन पहले तक साइकिल पर दौड़ते संवाददाता दृष्टिगत होते थे। गाँव–गाँव, तहसील, कस्बे से लिफाफे आते थे, सम्पादकीय विभाग पोस्ट ऑफिस बना रहता था जहाँ पत्रों की छटनी होती थी। कुछ वरिष्ठ संवाददाता चिल्ला–चिल्लाकर ट्रंककाल पर समाचार भेजते तो कुछ टेलीग्राम करते थे। असुविधाओं वाला सम्पादकीय कार्यालय होता था, कम्पोजिंग कक्ष तो काजल की कोठरी होता। जो वहाँ से निकलता, कालिख लगाये रहता था। खुरदरे–मटमैले कागज पर उपसम्पादकों की टोली साधनारत रहती थी। सम्प्रति संचार के त्वरित साधनों, मुद्रण, सम्पादन, साज–सज्जा ने एक अप्रत्याशित रोमांचक–सफर तय कर लिया है। पत्रकार कलम और स्याही को तलाक दे रहा है। वह मोबाइल फोन, फैक्स, लेपटाप, पेजर, इण्टरनेट, ई–मेल से लैस हो चुका है। इलेक्ट्रॉनिक पत्रकारिता और मुद्रण पत्रकारिता संचार प्रौद्योगिकी के चलते नित्य नये आयाम ग्रहण कर रही है, प्रगति के पथ पर क्रान्तिकारी रूप में पदार्पण कर रही है। अब ऐसे माइक्रोचिप्स आ रहे हैं जिन्हें कनपटी पर लगाकर मानव अपने विचारों को व्यवस्थित कर सकेगा। मानव अपने विचारों को ई–मेल से प्रेषित कर सकेगा। डिजिटल नयी तकनीक है जिससे मशीन और मनुष्य के बीच संवाद स्थापित हो सकता है। बाइट' अब सूचना–प्रेषण की महत्त्वपूर्ण इकाई है। 'बाइट्स' द्वारा मानव से मानव, मशीन से मानव, मशीन से मशीन के मध्य संवाद हो सकेगा। कम्प्यूटर अब भारी भरकम नहीं होगा। इसे रूमाल की तरह जेब में रखा तथा 'वाल पेपर' की तरह लटकाया जा सकेगा। सारांश यह कि नयी सूचना प्रौद्योगिकी ने पत्रकारिता में आमूल–चूल परिवर्तन कर दिया है। पत्रकार अब तकनीकी दृष्टि से सक्षम साधन सम्पन्न हो चला है।

पत्रकारिता की परिवर्तित दुनिया के मूल में कम्प्यूटर है, जिससे सूचना, आँकड़े, चित्र, गीत, संगीत से सन्दर्भित सृजन एवं उनके प्रयोग में बदलाव आया है। प्रकाशन, चित्रण, संचार, विश्लेषण की क्रियाओं के सम्पादन में कम्प्यूटर की महती भूमिका है। इलेक्ट्रॉनिक टेक्नालॉजी के चलते प्रिण्ट मीडिया और इलेक्ट्रॉनिक मीडिया एक–दूसरे में समाहित हो चुके हैं। इण्टरनेट पर अखबार पढ़ने और प्रिण्टर पर डाउनलोड करने की वर्तमान सुविधा ने पत्रकारिता को अत्यन्त गतिशील बना दिया। है। कलम का सिपाही फैक्स, मॉडम, सेल्युलर तथा सेटेलाइट सम्बन्धी संसाधनों से लैस है। वह संकेत पर वांछित समाचार पा जाता है, वहीं

तत्काल सम्पादित करता है, शीर्षक देकर पेज मेकअप के बाद मुद्रण हेतु प्रेषित कर देता है।

संचार क्रान्ति के इस दौर में युगबोध के प्रमुख तत्त्वों को समेट कर पत्रकारिता मानव के विकास और विचारोत्तेजना का राजमार्ग है। जनसंचार के विपुल साधनों के शिकंजे में जन–मानस जकड़ा हुआ है। घर–घर के प्रत्येक कक्ष में सूचनाओं का महाविस्फोट हो रहा है। ज्ञान ही शक्ति है, विज्ञान विशिष्ट शक्ति है तथा प्रौद्योगिकी परम शक्ति है। कम्प्यूटर, इण्टरनेट, उपग्रह, अन्तरिक्ष संचार प्रणाली, माइक्रोचिप्स द्वारा प्रवाहित शिक्षाप्रद मनोरंजक सूचना ही इलेक्ट्रॉनिक पत्रकारिता है, जो युग की अनिवार्यता है। सम्प्रति सूचना की नयी व्यवस्था डॉट कॉम जीवन से संश्लिष्ट है। कृषि उत्पादन बेचने के लिए कम्प्यूटर मण्डियों का लगना तथा केरल में मछुआरों द्वारा ग्लोबल पोजिशनिंग सिस्टम का प्रयोग पत्रकारिता और प्रौद्योगिकी के समन्वय का मॉडल है। इलेक्ट्रॉनिक्स से परिचालित संचार–साधन ऐसे जन–माध्यम बन चुके हैं जो पल–पल की घटनाओं के प्रस्तुतकर्ता, वैचारिक आन्दोलन के अभिव्यंजक तथा नये जीवन–दर्शन के वाहक हैं।

आज की पत्रकारिता न तो ज्वाला है, न क्रान्ति की अग्रदूतिका, न लेखनी–विलास, यह तो अद्यतन संचार–साधनों की व्यवसायगत श्रेष्ठता है। सतत प्रशिक्षण द्वारा प्राप्त कौशल एवं मीडिया प्रबन्धन के बल पर ही पत्रकारिता सम्भव है। इलेक्ट्रॉनिक रिपोर्टिंग, इलेक्ट्रॉनिक एडिटिंग, इलेक्ट्रॉनिक डिजायनिंग, इलेक्ट्रॉनिक टाइपसेटिंग, इलेक्ट्रॉनिक प्रिण्टिंग वाली पत्रकारिता को 'इलेक्ट्रॉनिक जर्नलिज्म' कहना समीचीन है जो इस इलेक्ट्रॉनिक युग की अपरिहार्यता है। ई–कॉमर्स', 'ई–गवर्नेंस', 'ई–म्यूजिक' की भाँति आज की क्रान्ति–प्रतिक्रान्ति, प्रगति–दुर्गति की दिग्दर्शिका तथा 'आल पॉवरफुल' वाली पत्रकारिता को 'ई–जर्नलिज्म' कहना अत्यन्त सार्थक है। 'ई–जर्नलिज्म' अभिव्यक्ति का सम्पूर्ण विज्ञान, आदर्श कला, उत्तम व्यवसाय, बेमिसाले प्रौद्योगिकी तथा मानव को उद्दीप्त करने का प्रभावकारी साधन है। विकास–मार्ग में संचार–क्रान्ति ने सूचना, शिक्षा और मनोरंजन का अकूत भण्डार जुटा लिया है तथा 'ई–जर्नलिज्म' क्रान्तिकारी परिवर्तन का आधार है। अद्यतन विश्व की गतिविधि के परिप्रेक्ष्य में अब 'ई–जर्नलिज्म' द्वारा 'बहुजन हिताय बहुजन सुखाय', 'सत्यं शिवं सुन्दरम्' का अहर्निश उद्‌घोष होता रहेगा।

सर्वाधिक महत्त्वपूर्ण संचार–साधन इण्टरनेट इलेक्ट्रॉनिक कनेक्शनों

की एक विशाल प्रणाली है जो बिजली की भाँति आधुनिक जीवन का एक अंग है। 1999–2000 में अमेरिका के एक सॉफ्टवेयर उद्योगपति ने इण्टरनेट पर एक विश्व साइबर विश्वविद्यालय की स्थापना की। घर बैठे इण्टरनेट पर शिक्षा प्राप्त हो रही है जिसे On Line Education कहा गया है। वस्तुतः ई–जर्नलिज्म महाबली इलेक्ट्रॉनिक जनसंचार है जो सर्वतोमुखी प्रौद्योगिकी विकास और जनमानस के उन्नयन का सक्षम सेतु है।

ई–पत्रकारिता

पत्रकारिता हर गुजरते दिन के साथ डिजिटल दिशा में बढ़ती जा रही है। इस परिवर्तनकाल का मतलब है कि पत्रकारों को रेडियो, टीवी और ऑनलाइन उपभोग के लिए मोबाइल पर फिल्मिंग, अच्छे चित्रों का चयन या उपभोक्ताओं की ओर से मिलने वाली सामग्री की जाँच के विस्तृत संसार में प्रवेश करने के लिए कुछ विशेष योग्यताओं का विकास करना होगा।

पत्रकारिता की क्रान्ति करार दी जाने वाली यह 'ई–जर्नलिज्म' क्या है? इसे ना केवल हम सबको जानने की आवश्यकता है बल्कि यह समय के साथ कदमताल करते हुए टिके रहने और आगे बढ़ने की अनिवार्य शर्त भी है। जो माध्यम जितनी शीघ्रता से सूचना देगा वह उतना ही अधिक सफल होगा। इस प्रकार इलेक्ट्रानिक्स आधारित अब तक के सबसे तेज और सर्वत्र उपलब्ध पत्रकारिता माध्यम का ही नाम है– 'ई–जर्नलिज्म'। 'ई–जर्नलिज्म' को सुविधानुसार वेब–मीडिया या सायबर मीडिया भी कहते हैं।

सूचना प्रौद्योगिकी, तकनीकी खोज व आविष्कार तथा इसके रोज बढ़ते प्रयोग और इण्टरनेट के विस्तार ने 'ई–जर्नलिज्म' के फलक को और फैलाया है। ग्लोबलाइजेशन के दौर में ज्ञान, दर्शन, अध्यात्म और रचनात्मक सृजन के मानदण्डों के साथ अत्याधुनिक तकनीकों के तालमेल से पत्रकारिता का फैलाव क्रान्तिकारी स्तर तक हो गया है। पलक झपकते ही समूचे संसार से रूबरू होने का सहज साधान बनकर उभरा है 'ई जर्नलिज्म'। सार्वकालिक सत्य है कि सूचना में शक्ति है। आज इण्टरनेट के विस्तार के साथ ही यह शक्ति नित बड़ी संख्या में न्यूज पोर्टल, वेबसाइट, ब्लॉग, कियोस्क, सोशल नेटवर्किंग साइट आदि के अस्तित्व में आने से बढ़ती जा रही है। यही नहीं आज सारे अखबार और चैनलों में भी अपने इण्टरनेट संस्करण लॉन्च करने को लेकर होड़ मची है। प्राप्त हो रहे तमाम समाचारों के बाद में ईमेल आईडी या वेबसाइट का पता

मौजूद रहता है। हर छोटे–बड़े कार्यालयों में इण्टरनेट कनेक्शन उपलब्ध है। डाउनलोड करने या फिर नागरिक पत्रकारिता के नाम पर समाचार अपलोड कर सकने की सुविधा ने 'ई–जर्नलिज्म' को और आगे बढ़ाया है।

पत्रकारिता जगत में हो रहे विकास और बदलाव की इन गतिविधियों से अपना देश भारत भी अछूता नहीं है बल्कि इस क्षेत्र में अपनी ओर से काफी सार्थक और सक्रिय भागीदारी कर रहा है। इस क्षेत्र में काफी बदलाव आने अभी शेष हैं। इसके फलक के व्यापक और बहुआयामी होने से सूचना संग्रह, उसकी साज–सज्जा और आकर्षक प्रस्तुतीकरण के काम में काफी संख्या में प्रशिक्षित और अनुभवी मीडियाकर्मियों की आवश्यकता बढ़ेगी। इस दृष्टि से पत्रकारिता प्रशिक्षण के अकादेमिक स्वरूप में भी तीव्र बदलाव किया जाना प्रारम्भ हो चुका है। अब तो नेट पत्रकार शब्द व्यवहार में सुलभ हो गया है। समाचार के कलेवर विस्तार से संक्षिप्त व वस्तुनिष्ठ होते हुए अब बाइट्स पर आ गये हैं। पत्रकारों के डिजिटल होते जाने से कलम व कागज रोमांचक तरीके से तलाकशुदा होते जा रहे हैं। सूचना को त्वरित गति से रिसीवर तक पहुँचाने में, सन्दर्भ ढूँढ़ने में और विश्लेषण करने के समय की कटौती भी होने लगी है। सॉफ्टवेयर से चुनिन्दा विषयों पर लेख लिखे जाने लगे हैं तो 'मानवीय भूल' शब्द को भुला देना पड़ेगा।

ऐसी सब बातों के बावजूद पत्रकारिता के अन्य माध्यमों को कमजोर किये बिना ई–जर्नलिज्म' अपने तय सीमा–क्षेत्र में अपना रोल निभाने को प्रवृत्त है। हाँ, यह क्षेत्र अपने कामगारों से खास तरह के प्रशिक्षण और एकाग्रता की माँग जरूर करता है। इधर ऐसी सूचनाएँ भी मिलने लगी हैं कि 'ई–जर्नलिज्म' की पढ़ाई के लिये 'ई–यूनिवर्सिटी' भी खोली जाने लगी है। इस प्रकार की कई वेबसाइटें तो पहले से ही मुहैया थीं। ऐसे दौर में 'माध्यम ही सन्देश है' नामक अपनी पुस्तक में प्रसिद्ध मीडिया विशेषज्ञ मार्शल मैक्लूहन की लिखी उक्ति 'सूचना से अधिक महत्त्वपूर्ण सूचना तन्त्र है' अपनी प्रासंगिकता और समसामयिकता साबित कर रही है।

वेब–पत्रकारिता

वर्तमान दौर संचार–क्रान्ति का दौर है। संचार–क्रान्ति की इस प्रक्रिया में जनसंचार–माध्यमों के भी आयाम बदले हैं। आज की वैश्विक अवधारणा के अन्तर्गत सूचना एक हथियार के रूप में परिवर्तित हो गयी है। सूचना जगत गतिमान हो गया है, जिसका व्यापक प्रभाव जनसंचार–माध्यमों पर पड़ा है। पारम्परिक संचार–माध्यमों जैसे समाचार–पत्र, रेडियो और टेलीविजन की जगह वेब मीडिया ने ले ली है।

वेब–पत्रकारिता आज समाचार–पत्र–पत्रिका का एक बेहतर विकल्प बन चुका है। न्यू मीडिया, ऑनलाइन मीडिया, साइबर जर्नलिज्म और वेब जर्नलिज्म जैसे कई नामों से वेब–पत्रकारिता को जाना जाता है। वेब–पत्रकारिता प्रिण्ट और ब्रॉडकास्टिंग मीडिया का मिला–जुला रूप है। यह टेक्स्ट, पिक्चर्स, ऑडियो और वीडियो के जरिये स्क्रीन पर हमारे सामने है। माउस के सिर्फ एक क्लिक से किसी भी खबर या सूचना को पढ़ा जा सकता है। यह सुविधा 24 घण्टे और सातों दिन उपलब्ध होती है जिसके लिए किसी प्रकार का मूल्य नहीं चुकाना पड़ता।

वेब–पत्रकारिता का एक स्पष्ट उदाहरण बनकर उभरा है विकीलीक्स। विकीलीक्स ने खोजी पत्रकारिता के क्षेत्र में वेब–पत्रकारिता का जमकर उपयोग किया है। खोजी पत्रकारिता अब तक राष्ट्रीय स्तर पर होती थी लेकिन विकीलीक्स ने इसे अन्तरराष्ट्रीय स्तर पर प्रयोग किया व अपनी रिपोर्टों से खुलासे कर पूरी दुनिया में हलचल मचा दी। भारत में वेब–पत्रकारिता का लगभग एक दशक बीत चुका है। हाल ही में आये ताजा आँकड़ों के अनुसार इण्टरनेट के उपयोग के मामले में भारत तीसरे पायदान पर आ चुका है। आधुनिक तकनीक के जरिये इण्टरनेट की पहुँच घर–घर तक हो गयी है। युवाओं में इसका प्रभाव अधिक दिखाई देता है। परिवार के साथ बैठकर हिन्दी खबरिया चैनलों को देखने की बजाये अब युवा इण्टरनेट पर वेब पोर्टल से सूचना या ऑनलाइन समाचार देखना पसन्द करते हैं। समाचार चैनलों पर किसी सूचना या खबर के निकल जाने पर

उसके दोबारा आने की कोई गारण्टी नहीं होती, लेकिन वहीं वेब–पत्रकारिता के आने से ऐसी कोई समस्या नहीं रह गयी है। जब चाहे किसी भी समाचार चैनल की वेबसाइट या वेब पत्रिका खोलकर पढ़ा जा सकता है।

वेब–पत्रकारिता की विशेषताएँ

वेब–पत्रकारिता को हम इण्टरनेट पत्रकारिता, ऑनलाइन पत्रकारिता, साइबर पत्रकारिता आदि नाम से जानते हैं। जैसा कि वेब–पत्रकारिता नाम से स्पष्ट है यह कम्प्यूटर और इण्टरनेट के सहारे संचालित ऐसी पत्रकारिता है जिसकी पहुँच किसी एक पाठक, एक गाँव, एक प्रखण्ड, एक प्रदेश, एक देश तक नहीं बल्कि समूचा विश्व है और जो डिजिटल तरंगों के माध्यम से प्रदर्शित होती है। प्रिण्ट मीडिया से यह इस रूप में भी भिन्न है क्योंकि इसके पाठकों की संख्या को परिसीमित नहीं किया जा सकता। इसकी उपलब्धता भी सार्वत्रिक है। इसके लिए मात्र इण्टरनेट और कम्प्यूटर, लैपटॉप, पामटॉप या अब मोबाइल की ही जरूरत होती है। इण्टरनेट के ऐसा माध्यम से वेब–मीडिया सर्वव्यापकता को भी चरितार्थ करती है जिसमें खबरें दिन के चौबीसों घण्टे और हफ्ते के सातों दिन उपलब्ध रहती हैं। वेब–पत्रकारिता की सबसे खासियत है उसका वेब यानी तरंगों पर घर होना। अर्थात् इसमें उपलब्ध किसी दैनिक, साप्ताहिक, मासिक पत्र–पत्रिका को सुरक्षित रखने के लिए किसी–किसी अलमीरा या लाइब्रेरी की जरूरत नहीं होती। समाचार–पत्रों और टेलीविजन की तुलना में इण्टरनेट पत्रकारिता की उम्र बहुत कम है लेकिन उसका विस्तार तेजी से हुआ है। आने वाले दिनों में इसका विस्तार बेतार पत्रकारिता यानी वायरलेस पत्रकारिता में होगा जिसकी पहल कुछ मोबाइल कम्पनियों द्वारा शुरू भी की जा चुकी है। वेब मीडिया या ऑनलाइन जर्नलिज्म परम्परागत पत्रकारिता से इन अर्थों में भिन्न है उसका सारा कारोबार ऑनलाइन यानी रियल टाइम होता है। ऑनलाइन पत्रकारिता में समय की भारी बचत होती है क्योंकि इसमें समाचार या पाठ्य सामग्री निरन्तर अपडेट होती रहती है। इसमें एक साथ टेलीग्राफ, टेलीविजन, टेलीटाइप और रेडियो आदि की तकनीकी दक्षता का उपयोग सम्भव होता है। आर्काइव में पुरानी चीजें यथा मुद्रण सामग्री, फिल्म, ऑडियो जमा होती रहती हैं जिसे जब कभी सुविधानुसार पढ़ा जा सकता है। ऑनलाइन पत्रकारिता में मल्टीमीडिया का प्रयोग होता है जिसमें, टैक्स्ट, ग्राफिक्स, ध्वनि, संगीत, गतिमान वीडियो, थ्री–डी एनीमेशन, रेडियो ब्रॉडकास्टिंग, टी.वी. टेलीकास्टिंग प्रमुख हैं। और यह

सब ऑनलाइन होता है, यहाँ तक कि पाठकीय प्रतिक्रिया भी। कहने का मतलब वेब मीडिया में प्रस्तुतिकरण और प्रतिक्रियात्मक गतिविधि एवं सब कुछ ऑनलाइन (एट ए टाइम) होता है। परम्परागत प्रिण्ट मीडिया एट ए टाइम सम्पूर्ण सन्दर्भ पाठकों को उपलब्ध नहीं करा सकता किन्तु ऑनलाइन पत्रकारिता में वह भी सम्भव है–मात्र एक हाइपरलिंक के द्वारा। इण्टरनेट पत्रकारिता के टूल्स वेब–पत्रकारिता प्रिण्ट और इलेक्ट्रानिक माध्यम की पत्रकारिता से भिन्न है। वेब–पत्रकारिता के लिए लेखन की समस्त दक्षता के साथ–साथ कम्प्यूटर और इण्टरनेट के बुनियादी ज्ञान के अलावा कुछ आवश्यक सॉफ्टवेयरों के संचालन में प्रवीणता भी आवश्यक होता है जैसे– 1. प्रिण्टिंग एवं पब्लिशिंग टूल्स–पेजमेकर, क्वार्क एक्सप्रेस, एमएस ऑफिस आदि। 2. ग्राफिक टूल्स–कोरल ड्रा, एनिमेशन, फ्लैश, एडोब फोटोशॉप आदि। 3. सामग्री प्रबन्धन टूल्स–एचटीएमएल, फ्रण्टपेज, ड्रीमवीवर, जूमला, द्रुपल, लेन्या, मेम्बू, प्लोन, सिल्वा, स्लेस, ब्लॉग, पोडकॉस्ट, यू ट्यूब आदि। 4. मल्टीमीडिया टूल्स–विण्डोज़ मीडिया प्लेयर, रियल प्लेयर, आदि। 5. अन्य टूल्स– ई–मेलिंग, सर्च इंजन, आरएसएस फीड, विकी टेकनीक, मैसेन्जर, विडियो कॉन्फ्रेसिंग, चेटिंग, डिस्कशन फोरम। वेब–पत्रकारिता में सामग्री भारत के इण्टरनेट समाचार–पत्र मुख्यतः अपने मुद्रित संस्करण ों की सामग्री यथा लिखित सामग्री और फोटो ही उपयोग में लाते हैं। ये समाचार–पत्र एक्सक्लूसिव समाचार और फीचर की तैयारी इण्टरनेट संस्करण के लिए बहुधा नहीं किया करते हैं। ऑनलाइन संस्करणों में मुद्रित संस्करणों के सभी समाचार, फीचर एवं फोटोग्राफ भी उपयोग नहीं किये जा रहे हैं। लगभग 60 प्रतिशत समाचार और दर्जन भर फोटोग्राफ के साथ प्रतिदिन का इण्टरनेट संस्करण क्रियाशील बनाये रखने की प्रवृत्ति भी देखने को मिल रही है। ऑनलाइन समाचार–पत्रों का ले–आउट मुद्रित संस्करणों की तरह नहीं होता है जबकि मुद्रित संस्करणों की सामग्री 8 कॉलमों में होती है। ऑनलाइन पत्र की सामग्री कई रूपों में होती है। इसमें एक मुख्य पृष्ठ होता है जो कम्प्यूटर के मॉनीटर में प्रदर्शित होता है जहाँ विविध खण्डों में सामग्री के मुख्य शीर्षक हुआ करते हैं। इसके अलावा खास समाचारों और मुख्य विज्ञापनों को भी मुख्य पृष्ठ में रखा जाता है जिन्हें क्लिक करने पर उस समाचार, फोटो, फीचर, ध्वनि या दृश्य का लिंक किया हुआ पृष्ठ खुलता है और तब पाठक उसे विस्तृत रूप में पढ़, देख या सुन सकता है। समाचार सामग्री को वर्गीकृत करने वाले मुख्य शीर्षकों के समूह अधिकांशतः हर पृष्ठ में हुआ करते हैं। ये

शीर्षक समाचारों की स्थानिकता, प्रकृति आदि के आधार पर हुआ करते हैं जैसे विश्व, देश, क्षेत्रीय, शहर या फिर राजनीति, समाज, खेल, स्वास्थ्य, मनोरंजन, लोकरुचि, प्रौद्योगिकी आदि। ये सभी अन्य पृष्ठ या वेबसाइट से लिंक्ड रहते हैं। इस तरह से एक पाठक केवल अपनी इच्छानुसार ही सम्बन्धित सामग्री का उपयोग कर सकता है। पाठक एक ई–मेल या सम्बन्धित साइट में ही उपलब्ध प्रतिक्रिया देने की तकनीकी सुविधा का उपयोग कर सकता है। वांछित विज्ञापन के बारे में विस्तृत जानकारी भी पाठक उसी समय जान सकता है जबकि एक मुद्रित संस्करण में यह असम्भव होता है। इस तरह से ऑनलाइन संस्करणों में ऑनलाइन शॉपिंग का भी रास्ता है। मुद्रित संस्करणों में पृष्ठों की संख्या नियत और सीमित हुआ करती है जबकि ऑनलाइन संस्करणों में लेखन सामग्री और ग्राफिक्स की सीमा नहीं हुआ करती। ऑनलाइन पत्रों की एक विशेषता है कि वहाँ उसके पाठकों की संख्या यानी रीडरशिप उसी क्षण जानी जा सकती है।

वेब–पत्रकारिता का सामान्य वर्गीकरण

इण्टरनेट अब दूरस्थ पाठकों के लिए समाचार प्राप्ति का सबसे खास माध्यम बन चुका है। इधर इण्टरनेट आधारित पत्र–पत्रिकाओं की संख्या निरन्तर बढ़ती जा रही है। इसमें दैनिक, साप्ताहिक, मासिक, त्रैमासिक सभी तरह की आवृत्तियों वाले समाचार–पत्र और पत्रिकायें शामिल हैं। विषय वस्तु की दृष्टि से इन्हें हम समाचार प्रधान, शैक्षिक, राजनैतिक, आर्थिक आदि केन्द्रित मान सकते हैं। यद्यपि इण्टरनेट पर ऑनलाइन सुविधा के कारण स्थानीयता का कोई मतलब नहीं रहा है किन्तु समाचारों की महत्ता और प्रासंगिकता के आधार पर वर्गीकरण करें तो ऑनलाइन पत्रकारिता को भी हम स्थानीय, प्रादेशिक, राष्ट्रीय या अन्तरराष्ट्रीय स्तर पर देख सकते हैं। जैसे भोपाल की www.com को स्थानीय, नयी दुनिया डॉट कॉम, या दैनिक छत्तीसगढ़ डॉट कॉम को प्रादेशिक, नवभारत टाइम्स डॉट कॉम को राष्ट्रीय और बीबीसी डॉट कॉम, को अन्तरराष्ट्रीय स्तर का ऑनलाइन समाचार–पत्र मान सकते हैं।

ऑनलाइन पत्रकारिता को सामग्री के आधार पर हम 3 तरह से देख सकते हैं– 1. ऐसे समाचार–पत्र जिनके प्रिण्ट संस्करण की आंशिक सामग्री ही ऑनलाइन हो। इस श्रेणी में हम नई दुनिया, दैनिक भास्कर, नवभारत, हिन्दुस्तान टाइम्स आदि को रख सकते हैं। 2. ऐसे समाचार–पत्र जिनके प्रिण्ट और इण्टरनेट संस्करण दोनों की सामग्रियों में काफी समानता हो।

3. ऐसे समाचार–पत्र जिनका इण्टरनेट संस्करण प्रिण्ट संस्करण से भिन्न हो। इसका उदाहरण टाइम्स ऑफ इण्डिया है। इस समाचार–पत्र के इण्टरनेट संस्करण में पृथक समाचार होते हैं जो एक ई–पेपर के माध्यम से ऑनलाइन होता है। 4. ऐसे पोर्टल या न्यूज साइट जो केवल इण्टरनेट पर ही संचालित हैं। इनमें प्रभासाक्षी डॉट कॉम आदि को गिना सकते हैं। वेब–पत्रकारिता का आदिकाल दुनिया जिस तरह से प्रौद्योगिकी केन्द्रित होती जा रही है और जिस तरह से विश्वमानव का रुझान साफ झलक रहा है उसे देखकर कहा जा सकता है कि भविष्य में उसकी दिनचर्या को कम्प्यूटर और इण्टरनेट जीवनसाथी की तरह संचालित करेंगे, यह कहना अतिशयोक्ति नहीं होगी कि सूचना और संचार प्रिय दुनिया भविष्य में इण्टरनेट आधारित पत्रकारिता पर अधिक निर्भर और विश्वास करेगी। पश्चिमी देश के परिदृश्य यही सिद्ध करते हैं। जहाँ प्रिण्ट मीडिया का स्थान धीरे–धीरे इलेक्ट्रानिक मीडिया ने ले लिया और अब वहाँ वेब–मीडिया या ऑनलाइन मीडिया का बोलबाला है।

वेब–पत्रकारिता : इतिहास

1976–1980 के दशक में जब कम्प्यूटर का व्यापक प्रयोग होने लगा तब समाचार–पत्र की उत्पादन विधि में परिवर्तन आने लगा। तब यह किसे पता था कि यही कम्प्यूटर एक दिन ऑनलाइन समाचार–पत्र की जगह ले लेगा। 1980 में अमेरिका के न्यूयार्क टाइम्स, वॉल स्ट्रीट जनरल, डाव जोन्स ने अपने–अपने प्रिण्ट संस्करणों के साथ–साथ समाचारों को ऑनलाइन डेटाबेस रखना भी प्रारम्भ किया। वेब–पत्रकारिता या ऑनलाइन पत्रकारिता को तब और गति मिली जब 1981 में टेंडी द्वारा लैपटॉप कम्प्यूटर का विकास हुआ। इससे किसी एक जगह से ही समाचार सम्पादन, प्रेषण करने की समस्या जाती रही। ऑनलाइन समाचार–पत्रों के प्रचलन में क्रान्तिकारी परिवर्तन आया 1983 में; जब अमेरिका के Knight-Ridder newspaper group AT&T के साथ मिलकर लोगों की माँग पर प्रायोगिक तौर पर उनके कम्प्यूटर और टेलीविजन पर समाचार उपलब्ध कराने लगे। 90 का दशक आते–आते संवाददाता कम्प्यूटर, मोडेम, इण्टरनेट या सैटेलाइट का प्रयोग कर विश्व से कहीं भी तत्क्षण समाचार भेजने और प्रकाशित करने में सक्षम हो गये। 1998 में विश्व के लगभग 50 मिलियन लोग 40,000 नेटवर्क के माध्यम से प्रतिदिन इण्टरनेट का उपयोग किया करते थे। उनमें एक बड़ी संख्या में लोग समाचार, समाचार–पत्र, समाचार–एजेंसी और पत्रिकाएँ विश्व

को जानने समझने के लिए इण्टरनेट पर तलाशते थे। एकमात्र अमेरिका की टाइम मैग्जीन ही ऐसी थी जिसने 1994 में इण्टरनेट पर पैर रखा। उसके बाद 450 पत्रिकाओं और समाचार–पत्र प्रकाशनों ने इण्टरनेट में स्वयं को प्रतिष्ठित किया। तब भी इण्टरनेट पर कोई समाचार एजेन्सी कार्यरत नहीं थी किन्तु एक अनुमान के अनुसार दिसम्बर 1998 के अन्त तक 4700 मुद्रित समाचार–पत्र इण्टरनेट पर थे। जहाँ तक भारत में वेब–पत्रकारिता का सवाल है उसे मात्र 10 वर्ष हुए हैं। ये 10 वर्ष कहने भर को हैं, दरअसल भारत की वेब–पत्रकारिता अभी शिशु अवस्था में है और इसके पीछे दरअसल भारत में इण्टरनेट की उपलब्धता, तकनीकी ज्ञान और रुझान का अभाव, अंग्रेजी की अनिवार्यता, नेट संस्करणों के प्रति पाठकों में संस्कार और रुचि का विकसित न होना तथा आम पाठकों की क्रय–शक्ति भी है। भारत में इण्टरनेट की सुविधा 1990 के मध्य में मिलने लगी। भारत में वेब–पत्रकारिता में चैन्नई का 'द हिन्दू' पहला भारतीय अखबार है जिसका इण्टरनेट संस्करण 1995 को जारी हुआ। इसके तीन साल के भीतर अर्थात् 1998 तक लगभग 48 समाचार–पत्र ऑनलाइन हो चुके थे। ये समाचार–पत्र केवल अंग्रेजी में नहीं अपितु अन्य भारतीय भाषाओं जैसे हिन्दी, मराठी, मलयालम, तमिल, गुजराती भाषा में थे। इस अनुक्रम में ब्लिट्ज, इण्डिया टुडे, आउटलुक और द वीक भी इण्टरनेट पर ऑनलाइन हो चुकी थीं। ऑनलाइन भारतीय समाचार–पत्रों और पत्रिकाओं की पाठकीयता भारत से कहीं अधिक अमेरिका सहित अन्य देशों में है जहाँ भारतीय मूल के प्रवासी लोग रहते हैं या अस्थायी तौर पर रोजगार में संलग्न हैं।

भारत में दिसम्बर 1997 तक कुल पंजीकृत 4719 समाचार–पत्रों के 1 प्रतिशत से कम ऑनलाइन हो चुके थे। शुरुआती दौर में अन्य भाषाओं यथा असमिया, मणिपुरी, पंजाबी, उड़िया, संस्कृत, सिन्धी आदि भाषाओं के कोई भी ऑनलाइन संस्करण नहीं थे। आकाशवाणी ने 2 मई 1996 को ऑनलाइन सूचना सेवा का अपना प्रायोगिक संस्करण अन्तरजाल पर उतारा था। अब 2006 के अन्तिम दिनों में हम देखते हैं कि देश के लगभग सभी प्रतिष्ठित समाचार–पत्रों एवं टेलीविजन चैनलों के पास उनका अपना अन्तरजाल संस्करण भी है जिसके माध्यम से वे पाठकों को ऑनलाइन समाचार उपलब्ध करा रहे हैं। एक उपलब्ध आँकड़े के अनुसार वर्तमान में 14 ई–जीन, 85 न्यूज पेपर, 73 ऑनलाइन न्यूज, 92 पत्रिकाएँ, 9 जनरल, 10 टी.वी. न्यूज एवं 8 न्यूज एजेंसी इण्टरनेट पर सक्रिय हैं। यदि हम

हिन्दी भाषा पर केन्द्रित हो कर सोचें तो ऑनलाइन पत्र और पत्रकारिता की स्थिति दयनीय दिख सकती है और इस दयनीयता की जड़ में हिन्दी आधारित इण्टरनेट और वेब तकनीक ज्ञान, तन्त्र व शिक्षा का विलम्ब से विकास रहा है। हिन्दी की ऑनलाइन पत्रकारिता का वर्तमान परिदृश्य–नेट पर हिन्दी अखबार नयी सूचना प्रौद्योगिकी और वेब तकनीक को देश के बड़े अखबार वालों ने जल्दी अपनाया। आज हम देश–विदेश के कई हिन्दी दैनिकों को घर बैठे पढ़ सकते हैं। इनमें अमर उजाला, अमेरिका की आवाज़ (वायस ऑफ अमेरिका) आगरा न्यूज, आज, आज तक, इरान समाचार, उत्तरांचल टाइम्स, एक्सप्रेस न्यूज, खास खबर, जन समाचार (भारतीय व भारतीय ग्रामीण मुद्दों से सम्बन्धित समाचार–पत्र), डियूश वेल्ल (जर्मन रेडियो द्वारा प्रसारित हिन्दी कार्यक्रम) पाञ्चजन्य, इण्डिया टुडे, डेली हिन्दी मिलाप, द गुजरात, दैनिक जागरण, दैनिक जागरण ई–पेपर, दैनिक भास्कर, नयी दुनिया–नव भारत अखबार, नवभारत टाइम्स, पंजाब केसरी, प्रभा साक्षी, प्रभात खबर, राजस्थान पत्रिका, राष्ट्रीय सहारा, रेडियो चाइना ऑनलाइन, लोकतेज, ताप्तिलोक, प्रभासाक्षी, लोकवार्ता समाचार, विजय द्वार, वेबदुनिया, समाचार ब्यूरो, सरस्वती पत्र (कनाडा का हिन्दी समाचार) सहारा समय, सिफी हिन्दी, सुमनसा (कई स्रोतों से एकत्रित हिन्दी समाचारों के शीर्षक) हरिभूमि, ग्वालियर टाइम्स, दैनिक मध्यराज, राजमंगल आदि प्रमुख हैं। इस सूची में समाचार एजेंसियों को भी समादृत किया जा सकता है जिनमें प्रमुख हैं–यूनीवार्ता, पीटीआई भाषा, ईएमएस इण्डिया (समाचार–पत्रों को बहुभाषीय समाचार सेवा प्रदान करने वाला स्थल), आरएनआई (छत्तीसगढ़ से संचालित समाचार सेवा) आदि। विश्व की प्रमुखतम आईटी कम्पनियाँ भी भाषाई महत्ता के अर्थशास्त्र को भाँपते हुए अब लगातार हिन्दी में समाचार पोर्टल का संचालन करने लगी हैं जैसे–याहू, गूगल हिन्दी, एमएसएन, रीडिफ.कॉम, आदि। जहाँ तक सरकारी समाचार पोर्टल का प्रश्न है उसमें लगभग हिन्दी भाषी राज्य सरकारों की एक–एक समाचार केन्द्रित साइट संचालित हो रही है। शासकीय विज्ञप्तियों, योजनाओं, समाचारों वाले इन साइटों का उपयोग भी सन्दर्भ की तरह किया जाने लगा है। इसमें नवोदित राज्य छत्तीसगढ़, उत्तराखण्ड, झारखण्ड भी सम्मिलित हो चुके हैं। यहाँ उन ऑनलाइन समाचार–पत्रों जाल स्थलों का जिक्र भी समीचीन होगा जो केन्द्र शासन के विभिन्न उपक्रमों द्वारा संचालित हैं। इस रूप में ऑल इण्डिया रेडियो की वेबसाइट समाचार भारती व ऑल इण्डिया रेडियो, पत्र सूचना कार्यालय, डी.डी. न्यूज व विदेश मन्त्रालय की

साइट को देख सकते हैं। हिन्दी के ये ऑनलाइन समाचार–पत्र केवल भारतीय महाद्वीप से ही संचालित नहीं होते बल्कि विदेशी जमीन से भी ये भारत, भारतवंशियों तथा वैश्विक समाचारों से लगातार समूची दुनिया को अपडेट बनाये रखे हुए हैं। इस श्रेणी में प्रमुखतम वेब पोर्टल हैं–लंदन की बी.बी.सी. हिन्दी खबरें ब्लॉग और ऑनलाइन पत्रकारिता की नयी दिशा इण्टरनेट पर ब्लॉग तकनीक के विकास और हिन्दी भाषा में काम करने की सुविधा से ऑनलाइन पत्रकारिता के नये द्वार खुलते दिखाई दे रहे हैं। अभी उसका स्वरूप निजी लेखन तक सीमित है।

ब्लॉग निजी लेखन का साधन है तथापि जिस तरह से वहाँ पत्रकारिता से जुड़े व्यक्तित्वों और उसके आकांक्षियों का आगमन हो रहा है, एक शुभ संकेत है। हिन्दी अन्तरजाल से यह बात उभर कर आ रही है कि ब्लॉग स्वतन्त्र पत्रकारिता का भी मंच और माध्यम हो सकता है। अंग्रेजी ब्लॉग का इतिहास बताता है कि उस भाषा के महत्त्वपूर्ण पत्रकार व्यक्तिगत (और सामूहिक तौर पर) पत्रकारिता के लिए ब्लॉग की ओर लगातार उन्मुख होते गये हैं, जा रहे हैं। एक तरह से हिन्दी ब्लॉग सोशल मीडिया और वैकल्पिक पत्रकारिता का भी जरिया हो सकता है। हिन्दी इण्टरनेटिंग की दुनिया में इसके चिह्न दिखायी देने लगे हैं। इस सन्दर्भ में मध्यप्रदेश के उन दो पत्रकारों का प्रयास स्तुत्य है जो 2005 से राजपूत इण्डिया (http://rajputaindia.spaces.live.com/) और चम्बल की आवाज (http://chambal.spaces.live.com/) नामक समाचार–पत्र (आंचलिक) नियमित प्रकाशित कर रहे हैं। इस सम्भावना को नहीं नकारा जा सकता कि भविष्य में सामूहिक बोध वाले पत्रकार इस सस्ती और विश्वसनीय तकनीक का फायदा उठाकर ऑनलाइन पत्रकारिता को सशक्त माध्यम अवश्य बनाना चाहेंगे। खास तौर से यह इण्टरनेट पर आंचलिक पत्रकारिता का कारगर, दिव्य और रोचक प्रकल्प हो सकता है। ई–मेल केवल औपचारिक पत्र–प्रेषण का माध्यम नहीं है, वेबसाइट पर उपलब्ध समूह, अनौपचारिक चर्चा–परिचर्चा का साधन नहीं, इन दोनों का योग नियमित समाचार प्रेषण या सीमित पत्रकारिता का भी साधन है। इस तकनीक युग्म से सूचनात्मक पत्रकारिता का रोचक अनुप्रयोग भी होने लगा है।

वेब–पत्रकारिता : समस्याएँ और समाधान

हिन्दी में पत्रकारितोन्मुख ऑनलाइन पत्र–पत्रिकाओं की संख्या अत्यल्प है। इस तरह से वर्तमान में अंग्रेजी की प्रभुता के कारण हिन्दी में ऑनलाइन

पत्रकारिता शिशु अवस्था में है। आने वाले दिनों में वेब–पत्रकारिता में अंग्रेजी का प्रभुत्व बहुत दिन नहीं रहने वाला है। क्षेत्रीय और स्थानीय भाषा में बन रहे वेब पोर्टलों और वेबसाइटों का प्रभाव बहुत तेजी से बढ़ रहा है और इनका भविष्य उज्ज्वल दिखायी देता है। पारम्परिक मीडिया और ऑनलाइन पत्रकारिता के बीच की दूरियाँ अब ज्यादा दिन नहीं रहने वाली हैं। डायनामिक फॉण्ट के कारण अब किसी भी ऑनलाइन हिन्दी समाचार–पत्र को किसी भी कम्प्यूटर से पढ़ा जा सकता है। इसके अलावा यूनिकोड की उपलब्धता से फॉण्ट की समस्या का हल एक तरह से निकाला जा चुका है।

नवभारत, दैनिक भास्कर, और हरिभूमि जैसे बहुमान्य एवं बड़े अखबारों के अन्तरजाल संस्करण काफी पहले से थे पर न वे समग्र थे, न उन्हें इण्टरनेट पर अधिक पाठक पढ़ते–बाँचते थे। इसके पीछे फॉण्ट डाउनलोड करने की समस्या और शहरों–कस्बों में इण्टरनेट की सुविधा का अभाव भी रहा है। वैसे नेट संस्करण वाले ये अखबार अब भी प्रतिदिन के कुछ ही समाचार (प्रिण्ट संस्करण में से) पाठकों को उपलब्ध कराते हैं। नेट संस्करणों की लोकप्रियता में वृद्धि नहीं होने में इनका अद्यतन नहीं रहना भी हो सकता है। यद्यपि ऑनलाइन पत्रकारिता में स्थान या भूगोल का कोई महत्त्व नहीं है तथापि इन्हें राज्य की ऑनलाइन पत्रकारिता में शुमार इसलिए भी नहीं किया जा सकता क्योंकि अन्यत्र से संचालित और नियन्त्रित होते रहे हैं। इसी तरह एक साप्ताहिक अखबार डिसेन्ट भी अनियमित रूप से अन्तरजाल पर दिखाई देता है जो राज्य का पहला ऑनलाइन समाचार–पत्र है।

सुश्री भूमिका द्विवेदी द्वारा सम्पादित मीडिया विमर्श (www.mediavimarsh.com) नामक वेबसाइट, पत्रकारिता के अन्दरूनी पहलुओं पर गम्भीर विमर्श करने वाली समूची दुनिया के लिए अन्तरजाल पर एकमात्र हिन्दी वेबजीन के रूप में समादृत होने लगी है। ऑनलाइन पत्रकारिता में अब देश के बड़े–बड़े पत्रकार प्रिण्ट माध्यम के साथ–साथ वेब–मीडिया में भी सक्रिय होते नजर आने लगे हैं।

बालेन्दु शर्मा दाधीच ऑनलाइन मीडिया और टेक्नोलॉजी के क्षेत्र के जाने–माने हस्ताक्षर हैं जिन्हें प्रभासाक्षी के अलावा वाह मीडिया नामक निजी ब्लॉग में सतत् सक्रिय और मार्गदर्शक रूप में देखा जा सकता है। यह समय की माँग और हिन्दी को वैश्विक बनाने की स्वस्थ प्रतियोगिता

दबाब ही है जो ऑनलाइन साहित्यिक पत्रकारिता भी अपनी पहचान बनाने लगी है।

यूनिकोड ने बदला वेब–मीडिया का परिदृश्य वेब मीडिया की लोकप्रियता–ग्राफ में गुणात्मक वृद्धि नहीं होने के पीछे अन्य कारणों के साथ फॉण्ट की समस्या भी रही है। शुरुआती दौर में इन अखबारों को पढ़ने के लिए यद्यपि हिन्दी के पाठकों को अलग–अलग फॉण्ट की आवश्यकता होती थी जिसे सम्बन्धित अखबार के साइट से उस फॉण्ट विशेष को चन्द मिनटों में ही मुफ्त डाउनलोड और इंस्टाल करने की भी सुविधा दी जाती थी (गयी है)। हिन्दी फॉण्ट की जटिल समस्या से हिन्दी पाठकों को मुक्त करने के लिए शुरुआती समाधान के रूप में डायनामिक फॉण्ट का भी प्रयोग किया जाता रहा है। डायनामिक फॉण्ट ऐसा फॉण्ट है जिसे उपयोगकर्ता द्वारा डाउनलोड करने की आवश्यकता नहीं होती बल्कि सम्बन्धित जाल–स्थल पर उपयोगकर्ता के पहुँचने से फॉण्ट स्वयंमेव उसके कम्प्यूटर में डाउनलोड हो जाता है। यह दीगर बात है कि उपयोगकर्ता उस फॉण्ट में वहाँ टाइप नहीं कर सकता। अब यूनिकोडित फॉण्ट के विकास से वेब मीडिया में फॉण्ट डाउनलोड करने की समस्या लगभग समाप्त हो चुकी है। बड़े वेब–पोर्टलों के साथ–साथ सभी वेबसाइट अपनी–अपनी सामग्री यूनिकोडित हिन्दी फॉण्ट में परोसने लगी हैं किन्तु अभी भी अनेक ऐसी साइट हैं जो समय के साथ कदम मिलाकर चलने को तैयार नहीं दिखाई देतीं। दिन–प्रतिदिन गतिशील हो रही वेबमीडिया की पाठकीयता को बनाये रखने के लिए पाठक को फॉण्ट डाउनलोड करने के लिए अब विवश नहीं किया जा सकता, क्योंकि अब वह विकल्पहीनता का शिकार नहीं रहा। पीडीएफ में सामग्री उपलब्ध कराना फॉण्ट की समस्या से निजात पाने का सर्वश्रेष्ठ विकल्प या साधन नहीं है। भाषायी ऑनलाइन पत्रकारिता का वास्तविक हल तकनीकी विकास से सम्भव हुआ यूनिकोडित फॉण्ट ही है जो अब सर्वत्र उपलब्ध है। हिन्दी में तकनीक उपलब्ध वेब–मीडिया खासकर हिन्दी में पत्रकारिता के विकास में मुख्य बाधा हिन्दी में तकनीक का अभाव रहा है पर वह भी लगभग अब हल की ओर है। विंडोज़ तथा लिनक्स जैसे ऑपरेटिंग सिस्टम का इण्टरफेस भी हिन्दी में बन चुका है। केन्द्रीय सूचना एवं प्रौद्योगिकी मन्त्रालय, भारत सरकार की इकाई सी–डैक (सेण्टर फॉर डेवलपमेण्ट ऑफ एडवांस कम्प्यूटिंग) द्वारा एक अरब से भी अधिक बहुभाषी भारतवासियों को एक सूत्र में पिरोने और परस्पर समीप लाने में अहम् भूमिका निभायी जाती रही है। भाषा तकनीक में विकसित

उपकरणों को जनसामान्य तक पहुँचाने हेतु बाकायदा www.ildc.gov.in तथा www.ildc.in वेबसाइटों के द्वारा व्यवस्था की गयी है। जिसके द्वारा टू टाइप हिन्दी फॉण्ट (ड्राइवर सहित), टू टाइप फॉण्ट के लिए बहुफॉण्ट की–बोर्ड इंजन, यूनिकोड समर्थित ओपन टाइप फॉण्ट, यूनिकोड समर्थित की–बोर्ड फॉण्ट, कोड परिवर्तक, वर्तनी संशोधक, भारतीय ओपन ऑफिस का हिन्दी भाषा संस्करण, मल्टी प्रोटोकॉल हिन्दी मैसेंजर, कोलम्बा–हिन्दी में ई–मेल क्लायण्ट, हिन्दी ओसीआर, अंग्रेजी–हिन्दी शब्दकोश, फायर–फॉक्स ब्राउजर, ट्रांसलिटरेशन, हिन्दी एवं अंग्रेजी के लिए आसान टंकण प्रशिक्षक, एकीकृत शब्द–संसाधक, वर्तनी संशोधक और हिन्दी पाठ कॉर्पोरा जैसे महत्त्वपूर्ण उपकरण एवं सेवा मुफ्त उपलब्ध करायी जा रही है। जहाँ मन्त्रालय की वेबसाइट पर लॉग ऑन करके सीडी मुफ्त में मँगवायी जा सकती है। वहाँ इन में से वांछित एप्लीकेशन या सॉफ्टवेयर डाउनलोड भी किये जा सकते हैं। वेब–पत्रकारिता को अधिमान्यता, वेब–पत्रकारिता के प्रति आम पत्रकारों में रुझान की कमी के पीछे इसमें कार्यरत पत्रकारों को भारत सरकार व राज्य शासन द्वारा मिलने वाली सुविधाएँ एवं मान्यताओं का अभाव भी था जो अब दूर हो चुका है। अब वेब पत्रकार बाकायदा होंगे अधिमान्य पत्रकार, अनुभवी और लम्बी सेवा देने वालों को भी मिलेगी भारत सरकार की मान्यता। यहाँ मध्यप्रदेश शासन को खासतौर पर साधुवाद दिया जा सकता है जिसने भारत सरकार से कहीं पहले वेब–पत्रकारिता को अधिमान्यता की श्रेणी में रख कर मिसाल कायम की है। भारत सरकार भी अब वेब–पत्रकारिता को मान्यता देने वाले देशों में सम्मिलित हो चुका है। देश में वेब–पत्रकारिता को विकसित बनाने के लिए भारत सरकार के सूचना और प्रसारण मन्त्रालय में इसके लिए 12 सितम्बर 2006 आवश्यक संशोधन हो चुका है। अब वेब–पत्रकारिता को भी एक्रीडेशन या मान्यता मिल चुकी है अर्थात् भारत सरकार द्वारा नियमों के संशोधन के बाद अपनी साधना में लगे वेब पत्रकारों को उनके कार्य में आसानी के साथ ही वह सभी सुविधायें मिलने लगेंगी जो अन्य मीडिया के राष्ट्रीय मान्यता प्राप्त पत्रकारों को मिला करती थीं ! इस नये संशोधन से वेब–पत्रकारिता को एक जिम्मेवारी और शक्ति दोनों का एक जैसा सहयोग मिलेगा और अब इण्टरनेट पर अनेक वरिष्ठ व अनुभवी पत्रकार स्वतः ही जगह बनाने का प्रयास करेंगे, साथ ही अब उन नौजवानों के लिये भी प्रशस्ति व उल्लेखनीय कार्यों के लिये दरवाजे खुल गये हैं जो पत्रकारिता को कैरियर के रूप में अपनाना चाहते हैं ! सच्चे मायने में

भारत उन विशेष देशों में शामिल हो गया है जो वेब पत्रकारों को प्रत्यापन प्रदान करते हैं।

वेब–पत्रकारिता का बढ़ता विस्तार देख यह समझना सहज ही होगा कि इससे कितने लोगों को रोजगार मिल रहा है। मीडिया के विस्तार ने वेब डेवलपरों एवं वेब पत्रकारों की माँग को बढ़ा दिया है। वेब–पत्रकारिता किसी अखबार को प्रकाशित करने और किसी चैनल को प्रसारित करने से अधिक सस्ता माध्यम है। चैनल अपनी वेबसाइट बनाकर उन पर ब्रेकिंग न्यूज, स्टोरी, आर्टिकल, रिपोर्ट, वीडियो या साक्षात्कार को अपलोड और अपडेट करते रहते हैं। आज सभी प्रमुख चैनलों (आईबीएन, स्टार, आज तक आदि) और अखबारों ने अपनी वेबसाइट बनायी हुई हैं। इनके लिए पत्रकारों की नियुक्ति भी अलग से की जाती है। 'सूचनाओं का डाकघर' कही जाने वाली संवाद समितियाँ जैसे पीटीआई, यूएनआई, एएफपी और राइटर आदि अपने समाचार तथा अन्य सभी सेवाएँ ऑनलाइन देती हैं।

कम्प्यूटर या लैपटाप के अलावा एक और ऐसा साधन मोबाइल फोन जुड़ा है जो इस सेवा को विस्तार देने के साथ उभार रहा है। फोन पर ब्रॉडबैण्ड सेवा ने आमजन को वेब–पत्रकारिता से जोड़ा है। मुम्बई में हुए सीरियल ब्लास्ट की ताजा तस्वीरें और वीडियो बनाकर आम लोगों ने वेब जगत के साथ साझा कीं। तत्कालीन दूरसंचार मन्त्री कपिल सिब्बल ने गाँवों में पंचायतों को ब्राडबैण्ड सुविधा मुहैया कराने का प्रस्ताव रखा। इससे पता चलता है कि भविष्य में यह सुविधाएँ गाँव–गाँव तक पहुँचेगी।

वेब–पत्रकारिता ने जहाँ एक ओर मीडिया को एक नया क्षितिज दिया है वहीं दूसरी ओर यह मीडिया का पतन भी कर रही है। इण्टरनेट पर हिन्दी में अब तक अधिक काम नहीं किया गया है, वेब–पत्रकारिता में भी अंग्रेजी ही हावी है। पर्याप्त सामग्री न होने के कारण हिन्दी के पत्रकार अंग्रेजी वेबसाइटों से ही खबर लेकर अनुवाद कर अपना काम चलाते हैं। वे घटनास्थल तक भी नहीं जाकर देखना चाहते कि असली खबर है क्या!

यह कहा जा सकता है कि भारत में वेब–पत्रकारिता ने एक नयी मीडिया संस्कृति को जन्म दिया है। अंग्रेजी के साथ–साथ हिन्दी पत्रकारिता को भी एक नयी गति मिली है। युवाओं को नये रोजगार मिले हैं। अधिक से अधिक लोगों तक इण्टरनेट की पहुँच हो जाने से यह स्पष्ट है कि वेब–पत्रकारिता का भविष्य बेहतर है। आने वाले समय में यह पूर्णतः विकसित हो जायेगी।

वेब–पत्रकारिता लेखन व भाषा

वेब–पत्रकारिता, प्रकाशन और प्रसारण की भाषा में आधारभूत अन्तर है। प्रसारण व वेब–पत्रकारिता की भाषा में कुछ समानताएँ हैं। रेडियो/टीवी प्रसारणों में भी साहित्यिक भाषा, जटिल व लम्बे शब्दों से बचा जाता है। आप किसी प्रसारण में, 'हेतु, प्रकाशनाधीन, प्रकाशनार्थ, किंचित, कदापि, यथोचित इत्यादि' जैसे शब्दों का उपयोग नहीं पायेंगे। कारण? प्रसारण ऐसे शब्दों से बचने का प्रयास करते हैं जो उच्चारण की दृष्टि से असहज हों या जन–साधारण की समझ में न आयें। ठीक वैसे ही वेब–पत्रिकारिता की भाषा भी सहज–सरल होती है।

वेब का हिन्दी पाठक–वर्ग आरम्भिक दौर में अधिकतर ऐसे लोग थे जो वेब पर अपनी भाषा पढ़ना चाहते थे, कुछ ऐसे लोग थे जो विदेशों में बसे हुए थे किन्तु अपनी भाषा से जुड़े रहना चाहते थे या कुछ ऐसे लोग जिन्हें किन्हीं कारणों से हिन्दी सामग्री उपलब्ध नहीं थी जिसके कारण वे किसी भी तरह की हिन्दी सामग्री पढ़ने के लिए तैयार थे। आज परिस्थितियाँ बदल गयी हैं, मुख्यधारा वाला मीडिया आनलाइन उपलब्ध है और पाठक के पास सामग्री चयनित करने का विकल्प है।

इण्टरनेट का पाठक अधिकतर जल्दी में होता है और उसे बाँधे रखने के लिए आपकी सामग्री पठनीय, रुचिकर व आकर्षक हो यह बहुत आवश्यक है। यदि हम ऑनलाइन समाचार–पत्र की बात करें तो भाषा सरल, छोटे वाक्य व पैराग्राफ भी अधिक लम्बे नहीं होने चाहिए।

विशुद्ध साहित्यिक रुचि रखने वाले लोग भी अब वेब पाठक हैं और वे वेब पर लम्बी कहानियाँ व साहित्य पढ़ते हैं। उनकी सुविधा को देखते हुए भविष्य में साहित्य डाउनलोड करने का प्रावधान अधिक उपयोग किया जायेगा ऐसी प्रबल सम्भावना है। साहित्यि क वेबसाइटें स्तरीय साहित्य का प्रकाशन कर रही हैं और वे निःसन्देह साहित्यिक भाषा का उपयोग कर रही हैं लेकिन उनके पास ऐसा पाठक वर्ग तैयार हो चुका है जो साहित्यिक भाषा को वरीयता देता है।

सामान्य वेबसाइट के पाठक जटिल शब्दों के प्रयोग व साहित्यिक भाषा से उकता जाते हैं और वे आम बोल–चाल की भाषा अधिक पसन्द करते हैं अन्यथा वे एक–आध मिनट ही साइट पर रुककर साइट से बाहर चले जाते हैं।

सामान्य पाठक–वर्ग को बाँधे रखने के लिए आवश्यक है कि साइट का रूप–रंग आकर्षक हो, छायाचित्र व ग्राफिक्स अर्थपूर्ण हों, वाक्य और पैराग्राफ छोटे हों, भाषा सहज व सरल हो। भाषा खिचड़ी न हो लेकिन यदि उर्दू या अंग्रेजी के प्रचलित शब्दों का उपयोग करना पड़े तो इसमें कोई बुरी बात न होगी। भाषा सहज होनी चाहिए, शब्दों का ठूँसा जाना किसी भी लेखन को अप्रिय बना देता है।

सोशल मीडिया के रूप में वेब–पत्रकारिता

मुख्यधारा के लगभग सभी हिन्दी मीडिया हाउस सोशल मीडिया पर हैं, वे वीडियो, टेक्स्ट, तस्वीर, ऑडियो सब कर रहे हैं। पहले होता यूं था कि कोई खबर अखबार में आती थी, फिर वहाँ से टीवी तक पहुँचती थी और फिर उस पर सोशल मीडिया में बहस का सिलसिला चलता था। फिर अखबार की जगह टीवी ने ले ली और आज सोशल मीडिया मुख्यधारा की मीडिया में एक ट्रेंड सेट करने की हैसियत में है।

कई ऐसे सर्वे आ चुके हैं जो बताते हैं कि हिन्दी पत्रकारिता पर एक खास जाति के लोगों का कब्जा है, या तो सम्पादक की तूती बोलती है, या फिर मालिकों की सिफारिशों पर, भाई भतीजावाद के आधार पर धड़ल्ले से पत्रकार बनाये जा रहे हैं। नौकरियाँ बाँटी जा रही हैं, ऐसे में हाशिये के कई सवाल पत्रकारिता से गायब कर दिये जाते रहे। खासकर दलित–पिछड़ों, महिलाओं और मुसलमानों के बारे में खबर करते हुए एक खास तरह का पूर्वाग्रह दिखता रहा है। यही वजह है कि आरक्षण जैसे संवेदनशील मुद्दों पर हिन्दी पत्रकारिता बेहद पक्षपाती रिपोर्टिंग करता रहा है, इसी तरह बाबरी विंध्वस के वक्त भी हिन्दी पत्रकारिता के पूर्वाग्रह सामने आये।

लेकिन आज उन मीडिया हाउस पर विश्वसनियता का संकट गहरा हो चला है। दलितों की जन्तर–मन्तर पर रैली होती है, उसमें जनसैलाब उमड़ता है, फिर भी हिन्दी के सम्पादक उसे अपने यहाँ जगह नहीं देते। लेकिन वही रैली फेसबुक के माध्यम से लाखों लोगों तक पहुँचने का सामर्थ्य रखती है। यह हिन्दी पत्रकारिता का जनतन्त्रीकरण है। आज

सब कुछ पब्लिक स्फियर में है। लोग अपनी भाषा में खबर लिख रहे हैं, उन्हें अपनी खबर छपवाने के लिये किसी खास जाति से नहीं होना पड़ता, या किसी खास वर्ग और खास तरीके की चीजें नहीं करनी पड़ती। मुझे कई ऐसे पत्रकार मिलते हैं जो सिर्फ फेसबुक पर लिख रहे हैं, वे अपनी रोजी–रोटी के लिये कोई और काम करते हुए भी अपने भीतर की पत्रकारिता को जिन्दा बचा पा रहे हैं।

कई ऐसे लोग हैं जो सिर्फ फेसबुक पर और हिन्दी में पत्रकारिता करने की वजह से पैसा भी कमा रहे हैं, बाजार ने हिन्दी को इण्टरनेट पर विशेष महत्त्व दिया है, 60 प्रतिशत से ज्यादा लोग इण्टरनेट पर अपनी क्षेत्रीय भाषा में लिख–पढ़ रहे हैं। खबरों को जानने के लिये आज किसी अखबार या टीवी का मोहताज नहीं रहना पड़ रहा है। लोग सोशल मीडिया पर अपनी भाषा में खबर लिख–पढ़–देख रहे हैं। आज बस्तर से कोई लाइव कर रहा है, कोई राजस्थान में हुई घटना पर प्रतिक्रिया दे रहा है, मीडिया की ओवी वैन धीरे–धीरे अप्रासंगिक हो रही हैं।

याद कीजिये रोहित वेमुला की आत्महत्या को। यह सोशल मीडिया ही थी जिसने इस घटना को राष्ट्रीय बना दिया और जब मैं राष्ट्रीय कह रहा हूँ तो इसका मतलब है गाँव–गाँव में हिन्दी में सोशल मीडिया का इस्तेमाल करने वाला वर्ग, न कि सिर्फ वे टीवी चैनल जो दिल्ली की किसी गली की खबर को भी राष्ट्रीय बनाकर पेश करते हैं।

सोशल मीडिया पर चल रही पत्रकारिता का ही नतीजा है कि ऊना में हुए दलितों पर जुल्म के बाद के गुस्से को पूरे देश में फैला दिया गया। जब तेजबहादुर यादव सेना के भोजन की खराब हालत पर वीडियो पोस्ट करता है तो वो भी हिन्दी पत्रकारिता ही कर रहा होता है और यह पत्रकारिता ज्यादा जनसरोकारी है। जनता के करीब है न कि किसी पूँजी और पार्टी का एजेण्डा।

हिन्दी पत्रकारिता आज इतने सालों बाद अपने सचमुच के स्वर्ण काल में है और इसका क्रेडिट सोशल मीडिया और इण्टरनेट को जाता है। उस स्मार्टफोन को जाता है जो वहाँ पहुँचता है, जहाँ चैनलों के कैमरे नहीं पहुँच पा रहे हैं और भोपाल में हुए फर्जी इनकाउण्टर को भी एक्सपोज करता है।

हिन्दी पत्रकारिता जनता के हाथ में है, उनके द्वारा संचालित किया जा रहा है। हजारों–लाखों लोग पहली बार अपनी बात कह पा रहे हैं,

अपनी खबर दुनिया तक पहुँचा पा रहे हैं। लेकिन इसके कुछ खतरे भी हैं, जिन्हें दर्ज किया जाना जरूरी है। व्हॉट्सऐप, फेसबुक जैसे सोशल मीडिया आज फर्जी खबरों का डस्टबीन भी बन गया है। ये खबरें लोगों को उकसा रही हैं, भीड़ को हत्यारा बना रही हैं, कोई फिल्टर नहीं है जहाँ से इन खबरों को रोका जा सके। एक सभ्य समाज के बतौर हमें सोशल मीडिया के हिंसक भीड़तन्त्र वाली पत्रकारिता से भी बचना होगा। उसके खतरे से अपने आसपास लोगों को आगाह करना होगा, फर्जी, अफवाह फैलाने वाली खबरों को रोकना होगा। एक समाज के रूप में हमारी यह परीक्षा का भी समय है। टीवी चैनलों ने हिन्दी पत्रकारिता में हिंसा और डर के जो बीज बोये थे, उसकी फसल सोशल मीडिया पर भी लहराने लगी है। इसपर लगाम लगाना जरूरी है।

ब्लॉग लेखन

"सिटीजंस जर्नलिज्म के सशक्त माध्यम को ही ब्लॉग कहा जाता है।"

– आनन्द प्रधान

"ज्ञान की डेमोक्रेसी ही ब्लॉग है।"

– आलोक पुराणिक

"इण्टरनेट के वर्चस्व का प्रतीक ही ब्लॉग है जो स्वतन्त्र अभिव्यक्ति का एक सशक्त मंच है।"

– डॉ. अर्जुन तिवारी

ब्लॉगिंग का अर्थ

ब्लॉगिंग शब्द अंग्रेजी के 'वेब लॉग' (इण्टरनेट आधारित टिप्पणियाँ) से बना है, जिसका अर्थ ऐसी डायरी से है जो किसी नोटबुक में नहीं बल्कि इण्टरनेट पर रखी जाती है। पारम्परिक डायरी के विपरीत वेब आधारित ये डायरियाँ (ब्लॉग) सिर्फ अपने तक सीमित रखने के लिए नहीं हैं बल्कि सार्वजनिक पठन–पाठन के लिए उपलब्ध हैं। इस डायरी को विश्वभर में कोई भी पढ़ सकता है। इसलिए यह अपने विचारों, अनुभवों या रचनात्मकता को दूसरों तक पहुँचाने का जरिया प्रदान करती है। सामूहिक डायरियों (ब्लॉगमण्डल) को देखें तो यह विश्व का सबसे बड़ा जनसंचार तन्त्र बन चुका है। इसने कहीं पत्रिका का रूप ले लिया है, कहीं अखबार का, कहीं पोर्टल का तो कहीं ज्वलन्त मुद्दों पर चर्चा के मंच का। उसकी विषय–वस्तु असीम है। कहीं संगीत है, कहीं कार्टून, कहीं चित्र, कहीं वीडियो, कहीं पर लोग मिल–जुलकर पुस्तकें लिख रहे हैं तो कहीं तकनीकी समस्याओं का समाधान किया जा रहा है। ब्लॉग मण्डल का उपयोग कहीं भाषाएँ सिखाने के लिए हो रहा है तो कहीं अमर साहित्य को ऑनलाइन पाठकों को उपलब्ध कराने में इण्टरनेट पर मौजूद अनन्त ज्ञानकोष में ब्लॉग के जरिये थोड़ा–थोड़ा व्यक्तिगत योगदान देने का सार्थक प्रयास चल रहा है।

ब्लॉगिंग ऐसा माध्यम है जिसमें लेखक ही सम्पादक है और वही प्रकाशक भी। ऐसा माध्यम जो भौगोलिक सीमाओं से पूरी तरह मुक्त, और राजनैतिक–सामाजिक नियन्त्रण से स्वतन्त्र है। जहाँ अभिव्यक्ति न कायदों में बँधने को मजबूर है, न अल कायदा से डरने को। इस माध्यम में न समय की कोई समस्या है, न सर्कुलेशन की कमी, न पाठकीय प्रतिक्रियाओं का इन्तजार करने की जरूरत। त्वरित अभिव्यक्ति, त्वरित प्रसारण, त्वरित प्रतिक्रिया और विश्वव्यापी प्रसार के चलते ब्लॉगिंग अद्वितीय रूप से लोकप्रिय हो गयी है। ब्लॉगों की दुनिया पर केन्द्रित कम्पनी 'टेक्नोरैटी' की ताजा रिपोर्ट (जुलाई 2007) के अनुसार 9.38 करोड़ ब्लॉगों का ब्यौरा तो उसी के पास उपलब्ध है। ऐसे ब्लॉगों की संख्या भी अच्छी–खासी है जो 'टेक्नोरैटी' में पंजीकृत नहीं हैं। समूचे ब्लॉगमण्डल का आकार हर छह महीने में दोगुना हो जाता है।

ब्लॉगिंग का प्रारम्भिक स्वरूप

लगभग नब्बे के दशक में ही जियोसिटीज.कॉम, ट्राइपोड.कॉम, 8एम.कॉम, होमपेज.कॉम, एंजेलफायर.कॉम, गो.कॉम आदि ने आम लोगों को अपने निजी इण्टरनेट होमपेज बनाने की सुविधा दी थी और इनमें से अधिकांश आज भी सक्रिय हैं। उन पर लाखों लोगों ने अपनी वेबसाइटें बनायीं भी लेकिन उन्हें ब्लॉगिंग की तर्ज पर लोकप्रियता नहीं मिली क्योंकि वेबसाइट बनाने के लिए तकनीकी ज्ञान आवश्यक है। दूसरी तरफ ब्लॉग का निर्माण और संचालन लगभग ईमेल पाने, भेजने जितना ही आसान है। ब्लॉगर, वर्डप्रेस, माईस्पेस, लाइवजर्नल, ब्लॉग.कॉम, टाइपपैड, पिटास, रेडियो यूजरलैण्ड आदि पर ब्लॉग और पोस्ट करना बहुत आसान है। सरल, तेज, विश्वव्यापी, विशाल, निःशुल्क और इण्टरएक्टिव होने के साथ–साथ कोई सम्पादकीय, कानूनी या संस्थागत नियन्त्रण न होना ब्लॉगिंग की बुनियादी शक्तियाँ हैं, जिन्होंने इसे इण्टरनेट आधारित अभिव्यक्ति के अन्य माध्यमों की तुलना में अधिक लोकप्रिय बनाया है। ब्लॉगिंग विश्व ने उन लोगों की स्मृतियों को भी जीवित रखा है जो सरकारी दमनचक्र, समाजविरोधी तत्त्वों के जुल्म या फिर आतंकवादी कार्रवाइयों के शिकार हुए। चीन में भले ही थ्येनआनमन चौक पर हुई अमानवीय सैन्य कार्रवाई के खिलाफ मुँह खोलना बहुत बड़ा अपराध हो, पर ब्लॉगिंग की दुनिया में ऐसी कोई रोकटोक नहीं। 'यान्स ग्लटर' नामक ब्लॉग का संचालन करने वाली यान शाम शैकलटन 1989

में थ्येनआनमन चौक पर हुए सैनिक नरसंहार में मारे गये युवकों के प्रति अपनी भावनाओं को इस तरह व्यक्त करती हैं–

"मैं भूलूँगी नहीं। मैं आपको हमेशा याद रखने का वादा करती हूँ। मैं ऐसा दोबारा नहीं होने दूँगी। मैं पूरी दुनिया को आपकी, थ्यैनआनमन चौक के छात्रों की याद दिलाती रहूँगी। मेरे बड़े भाइयों और बहनों!"

दमन के विरुद्ध विद्रोह की चाहत को भी ब्लॉगिंग ने स्वर दिये हैं। बहरीन में शान्तिपूर्ण ढंग से प्रदर्शन करते लोगों के सरकारी दमन को वहीं के.एक ब्लॉगर 'चनाद बहरीनी' (ब्लॉगर का छद्म नाम) ने अपने चित्रों में कैद किया और ब्लॉग के माध्यम से दुनियाभर को उसकी जानकारी दी। कुछ वर्ष पहले अमेरिकी सीनेटर ट्रेन्ट लोट ने राष्ट्रपति के चुनाव में हैरी ट्रूमैन के प्रतिद्वन्द्वी और रंगभेद समर्थक उम्मीदवार स्ट्रॉम थरमण्ड का समर्थन किया। मीडिया ने इस पर खास ध्यान नहीं दिया तो ब्लॉगर समुदाय ने जोर–शोर से यह मुद्दा उठाया और सीनेटर से इस्तीफा दिलवाकर ही दम लिया। इस घटना में ब्लॉगरों ने मीडिया के वैकल्पिक स्वरूप के रूप में अपनी उपयोगिता सिद्ध की। यही बात इराक युद्ध के दौरान भी 'बगदाद ब्लॉगर' के नाम से प्रसिद्ध एक गुमनाम ब्लॉगर ने 'सलाम पैक्स' के नाम से लिखे अपने ब्लॉग के माध्यम से सिद्ध की। वह इराक युद्ध की विनाशलीला का आँखों देखा हाल उपलब्ध कराता रहा और उसकी टिप्पणियों का दुनियाभर के मीडिया ने उपयोग किया। ब्लॉगिंग को लोकप्रिय बनाने में उसकी अहम् भूमिका मानी जाती है। इराक युद्ध के दौरान जब बीबीसी और वॉयस ऑफ अमेरिका में इस ब्लॉगर पर केन्द्रित कार्यक्रमों का प्रसारण किया गया तो उसके पिता को पहली बार एहसास हुआ कि सम्भवतः ये कार्यक्रम मेरे शर्मीले पुत्र के बारे में हैं जो चुपचाप कमरे में बैठकर इण्टरनेट पर कुछ करता रहता है। उन्हें लगा कि सद्दाम हुसैन की खुफिया एजेंसियों को पता चलने वाला है और वे पक्के तौर पर बहुत बड़े संकट में फँसने जा रहे हैं। लेकिन सौभाग्य से अभिव्यक्ति का सशक्त माध्यम बनने के साथ–साथ उसने सामूहिकता और सामुदायिकता पर आधारित अनेकों नयी विधाओं को जन्म दिया है। दुनिया का पहला ब्लॉग किसने बनाया, इस बारे में मतैक्य नहीं है। लेकिन इस बारे में कोई विवाद नहीं है कि ब्लॉगिंग की शुरुआत 1997 में हुई। अप्रैल 1997 में न्यूयॉर्क के डेव वाइनर ने स्क्रिप्टिंग न्यूज नामक एक वेबसाइट शुरू की जिसने ब्लॉगिंग की अवधारणा को स्पष्ट किया और लोगों को

अपने विचार इण्टरनेट पर प्रकाशित करने के लिए प्रेरित किया। दिसम्बर 1997 में जोर्न बार्गर ने रोबोटविसडम.कॉम की शुरुआत की और पहली बार इसे 'वेब लॉग' का नाम दिया। पीटरमी.कॉम के पीटर मरहोल्ज ने वेबलॉग के स्थान पर उसके छोटे रूप 'ब्लॉग' का प्रयोग किया। तब से इण्टरनेट पर ब्लॉगों की जो तेज हवा बही, उसने पहले आँधी और अब तूफान का रूप ले लिया है।

ब्लॉग–लेखन आम तौर पर बहुत गम्भीर लेखन नहीं माना जाता लेकिन ड्रज रिपोर्ट, बगदाद ब्लॉगर आदि की जिम्मेदाराना भूमिकाओं और ट्रेन्ट लोट के इस्तीफे के बाद समाचार–माध्यम के रूप में भी उसकी साख और विश्वसनीयता में वृद्धि हुई है। सन् 2007 के अप्रैल माह में अमेरिका के वर्जीनिया विश्वविद्यालय में अनजान हमलावरों ने अन्धाधुन्ध फायरिंग कर कई छात्रों को मार डाला तब ब्लॉगर अनुराग मिश्रा ने हमारे अपने 'इण्डिया टीवी' के लिए रिपोर्टिंग की। इण्डिया टीवी से जुड़े नीरज दीवान, जो स्वयं 'कीबोर्ड के सिपाही' नामक ब्लॉग चलाते हैं, कहते हैं "उस घटना पर किसी भारतीय द्वारा अमेरिका से दी जा रही वह पहली जानकारी थी। अनुराग की भाषा, शैली में पूर्णतः सक्षम और विश्वस्त ब्लॉगर हैं। वे अनुराग उसी विश्वविद्यालय के छात्र भी हैं। उस वक्त मेरे पास उनसे बेहतर कोई और विकल्प नहीं था। अनुराग ने जन पत्रकार की भूमिका बखूबी निभायी।"

आधुनिक ब्लॉगिंग का स्वरूप

ब्लॉग एक वेबसाइट की तरह है जिसे कुछ ही मिनटों में बनाया जा सकता है। लेकिन इसमें फर्क सिर्फ इतना है कि यह एक पन्ने की तरह है जिस पर सारी सामग्री पढ़ी जा सकती है। नयी सामग्री सबसे ऊपर की तरफ दिखायी देती है और पुरानी सामग्री सिलसिलेवार ढंग से नीचे खिसकती जाती है। ब्लॉग में न केवल लिखित सामग्री डाली जा सकती है बल्कि साथ ही तस्वीरें, आवाज और मूवी क्लिप भी लगायी जा सकती हैं।

ब्लॉग की खूबी यह है कि इसके जरिये पाठक, लेखक से सीधे संवाद कायम कर सकता है यानी कि पाठक लेख पर अपनी टिप्पणी करके उसके बारे में अपनी राय जाहिर कर सकता है। ऐसी कई सारी सेवाएँ हैं जो मुफ्त में ब्लॉग बनाने की सुविधा मुहैया कराती हैं। इनमें ब्लॉगर (www.blogger.com) और वर्डप्रेस (www.wordpress.com) प्रमुख हैं। इन दोनों सेवाओं की मदद से आसानी से ब्लॉग बनाया जा सकता है।

तकनीक की तरक्की के साथ ही अब हिन्दी तथा अन्य भारतीय भाषाओं में ब्लॉगिंग आसान हो गया है।

इन दिनों अन्तरजाल पर ब्लॉग के विभिन्न रूप मुफ्त में काम करने लगे हैं जिसके जरिये विचारों का सम्प्रेषण सम्भव है। यूँ भी ब्लॉगिंग विधा ई–मेल आधारित विभिन्न तकनीकियों का भी मेल है, जैसे फोटो ब्लॉग, ऑडियो ब्लॉग, मोब्लॉग और वीडियो ब्लॉग। कोई भी शौकिया फोटोग्राफर फोटो ब्लॉग में मुफ्त पंजीकृत होकर अपने चित्रों को अन्तरजाल पर रखने तथा उसे विश्वव्यापी बनाने की दिशा में स्वयं को परख सकता है। इसी तरह से ऑडियो और वीडियो ब्लॉग भी हैं जहाँ अपनी साउण्ड फाइल या वीडियो फाइल को समूची दुनिया के साथ बाँटा जा संकता है। जो लोग अपने उत्कृष्ट लेखन के आधार पर अपने ब्लॉग पर आने वालों की संख्या में खासी बढ़ोत्तरी कर चुके हैं उनके लिए खुशखबरी यह कि उनके हिन्दी ब्लॉग पर भी विज्ञापन मिलने प्रारम्भ हो चुके हैं। नाम का नाम और दाम का दाम। पत्रकारिता में दखल रखने वाले समाचार फीचर्स भी ब्लॉग पर संचालित कर एक लघु व्यवसाय का रूप दे सकते हैं। अब तो दुनिया के तमाम विषयों और लगभग सभी बड़ी भाषाओं में ब्लॉग प्रारम्भ हो चुके हैं। इसमें हम कला, साहित्य, पत्रकारिता, राजनीति, समाज, धर्म, अध्यात्म, व्यापार, बाजार, शिक्षा, चिकित्सा, प्रौद्योगिकी, इतिहास, पुरातत्व आदि को शामिल देख सकते हैं।

अभिव्यक्ति के आधुनिकतम प्रभावकारी माध्यम ब्लॉग के स्वरूप को निम्नलिखित बिन्दुओं द्वारा स्पष्ट किया जा सकता है–

1. पीटरमी डॉट कॉम के पीटर मरहोल्ज ने वेब लॉग के स्थान पर उसके छोटे रूप 'ब्लॉग' का प्रयोग किया।
2. ब्लॉग अमेरिका में 1997 के दौरान इण्टरनेट में प्रचलन में आया। प्रारम्भ में कुछ ऑनलाइन जर्नल्स के ब्लॉग प्रकाशित किये गये।
3. अप्रैल 1997 में न्यूयार्क के डेव वाइनर ने स्क्रिप्टिंग न्यूज नामक एक वेबसाइट शुरू की, जिसने ब्लॉगिंग की अवधारणा को स्पष्ट किया और लोगों को अपने विचार इण्टरनेट पर प्रकाशित करने के लिए प्रेरित किया।
4. दिसम्बर 1997 में जोर्न बार्गर ने रोबोटविसडम डॉट कॉम की शुरुआत की और पहली बार इसे वेब लॉग का नाम दिया।
5. हिन्दी में पहला ब्लॉग दो मार्च 2003 को तैयार हुआ। हिन्दी की

प्रथम ब्लॉग साइट का श्रेय बैंगलोर निवासी आलोक कुमार के ब्लॉग नौ दो ग्यारह (वे अपने ब्लॉग को चिट्ठा कहते हैं) को है, जिसमें वे पिछले कुछ वर्षों से अपने कम्प्यूटर जगत के तकनीकी तथा अन्य व्यक्तिगत अनुभवों को नियमित लिखते हैं।

6. ब्लॉगों की दुनिया पर केन्द्रित कम्पनी 'टेक्नोरैटी' की जुलाई 2007 के अनुसार 9.38 करोड़ ब्लॉगों का ब्यौरा उसके पास उपलब्ध है, सम्पूर्ण ब्लॉग मण्डल का आकार हर छह महीने में दोगुना हो जाता है।

7. दुनिया के प्रसिद्ध ब्लॉगरों में एण्ड्यू सलीवान, रॉन गंजबर्गर, ग्गेन रोलान्ड, डंफन ब्लैक, पीटर रोजास, जेनी जार्डिन, बेन ट्रोट, जोनाथन श्वाट्र्ज, जेसन गोल्डमैन, रॉबर्ट स्कोबल, मैट ड्रज आदि शामिल हैं।

8. पूर्व अमेरिकी राष्ट्रपति बिल क्लिंटन को महाभियोग की हद तक ले जाने वाले मोनिका लुइंस्की प्रकरण का पर्दाफाश मैट ड्रज ने ही अपने ब्लॉग से किया था।

9. चीन की अभिनेत्री जू जिंगले का ब्लॉग सम्भवतः दुनिया का सर्वाधिक लोकप्रिय ब्लॉग है, जिसे पाँच करोड़ से भी अधिक बार पढ़ा जा चुका है।

10. भारत के कई अंग्रेजी ब्लॉग काफी लोकप्रिय हो गये हैं, जिनमें गौरव सबनीस का वाण्टेड पॉइण्ट, अमित वर्मा का इण्डिया अनकट, रश्मि बंसल की यूथ सिटी, अमित, अग्रवाल का डिजिटल इंसपरेशन, दीना मेहता का दीनामेहता डॉट कॉम आदि अपने देश के लोकप्रिय अंग्रेजी ब्लॉग हैं।

11. आमिर खान, बिपाशा बसु, राहुल बोस, राहुल खन्ना, शेखर कपूर, सुचित्रा कृष्णमूर्ति, अनुपम खेर, अशोक चक्रधर, रेडिफ चेयरमैन, अजीत बालाकृष्णन, इण्डियावर्ल्ड डॉट कॉम बनाकर उसे छह–सौ करोड़ रुपये में सिफी.कॉम को बेचने वाले राजेश जैन, वरिष्ठ पत्रकार राजदीप सरदेसाई, नौकरी.कॉम के सीइओ संजीव बीखचंदानी, वरिष्ठ पत्रकार शेवन्ती नैनन के फूट आदि भी चर्चित ब्लॉगर्स हैं।

12. अमिताभ बच्चन और शत्रुघ्न सिन्हा के बीच ब्लॉग के माध्यम से जंग छिड़ी है।

13. दुनिया में ब्लॉगिंग से सर्वाधिक कमाई करने वालों में केविन रोस नामक किशोर प्रमुख है, जिसने महज डेढ़ साल की अवधि में छह

करोड़ डॉलर यानी लगभग 25 करोड़ रुपये की राशि अर्जित की है।

14. आज हिन्दी में चार हजार से ज्यादा ब्लॉग्स हैं, वर्ष 2005 के दिसम्बर में यह संख्या कुछ सौ की थी। 2008 में यह संख्या दस हजार तक पहुँच जायेगी।

15. ब्लॉग सर्च इंजन टेक्नोरैटी के मुताबिक इस वक्त साइबरस्पेस में 11.2 करोड़ ब्लॉग मौजूद हैं।

साइट सैर

1. माय वेब दुनिया (www.mywebdunia.com) : यह वेब दुनिया का नया ब्लॉगिंग प्लेटफार्म है। यहाँ आप अंग्रेजी के अलावा हिन्दी, तमिल, पंजाबी, गुजराती और कन्नड़ आदि कई भारतीय भाषाओं में ब्लॉग बना सकते हैं।

2. अमेरिकन रेटॉरिक (www.americanrhetoric.com) : अगर आपकी दिलचस्पी भाषा–कला में है, तो यह वेबसाइट आपके लिए काफी उपयोगी साबित हो सकती है। यहाँ आप व्याख्यान देने की विभिन्न शैलियों के बारे में जान सकते हैं, साथ ही अमेरिकी इतिहास के सौ बेहतरीन भाषणों को ऑनलाइन पढ़ व सुन सकते हैं।

3. स्टडी गाइड एण्ड स्ट्रेटजी (www.studygs.net) : यह विद्यार्थियों के लिए बहुत ही उपयोगी वेबसाइट है। यहाँ पढ़ाई–लिखाई से जुड़ी ढेरों जानकारियाँ पायी जा सकती हैं। इम्तिहान में अच्छे अंक लाने के लिए भी कई नुस्खे आप यहाँ पायेंगे।

4. क्रिकेट फीवर (cricket wircket.blogspot.com) : भारत में क्रिकेट को धर्म समझा जाता है और अगर आप भी इस धर्म को माननेवालों में शुमार होते हैं, तो यह ब्लॉग खास आपके लिए है। यहाँ आप क्रिकेट से जुड़े मुद्दों पर ब्लॉगर की राय के साथ खेल की ताजातरीन गतिविधियों की जानकारी भी प्राप्त कर सकते हैं।

5. शैफाली (Shaifaly.mywebdunia.com) : शैफाली शर्मा का नया हिन्दी ब्लॉग। यहाँ आप विभिन्न विषयों पर उनके विचारों और कविताओं को पढ़ सकते हैं।

6. रंगकर्मी (rangkarmi.blogspot.com) : यह एक समूह ब्लॉग है, जहाँ आप बहुत से कलाकारों और पत्रकारों की रचनाओं का लुत्फ

उठा सकते हैं। यहाँ आप कविता, कहानी, लेख और कार्टून वगैरह बहुत कुछ पायेंगे।

ब्लॉग और हिन्दी

यह हिन्दी पट्टी की विडम्बना ही है कि जिसकी जमीन सारे विश्व को सबसे ज्यादा और योग्य सॉफ्टवेयर इंजीनियर देती है वहीं सबसे बाद में यानी कि एकाध साल के पहले ही ब्लॉग की तकनीक पहुँच सकी है। हिन्दी का प्रथम ब्लॉग वेबसाइट कहलाने का गौरव बैंगलोर के 'नौ दो ग्यारह' को है, जिन्होंने ब्लॉग का नामकरण हिन्दी में किया–'चिट्ठा', जो अब तकनीकी शब्दावली में भी स्वीकृत होने लगा है। चाहे कारण इण्टरनेट की अनुपलब्धता का हो या फिर हिन्दी फॉण्ट या टाइपिंग तकनीक का, हिन्दी में उस गति से लोग ब्लॉग लिखने को उत्सुक नहीं हो सके जिस गति से अंग्रेजी में हुए। कुछ समय पहले तक हिन्दी के 2–4 लेखक ही ब्लॉग तकनीक का फायदा उठाकर अपनी रचनात्मकता को इण्टरनेट पर प्रदर्शित कर रहे थे। पर खुशी की बात है कि देखते–ही–देखते विगत 5–6 माह के भीतर इनकी संख्या 400 तक पहुँच चुकी है। यानी कि हिन्दी वाले भी इस दिशा में पीछे नहीं हैं। इसे हिन्दी वैभव का शैशवकाल कहकर सन्तुष्ट हुआ जा सकता है।

इन 400 ब्लॉग में से अधिकांश हिन्दी ब्लॉग इण्टरनेट पर अपनी नियमित उपस्थिति दर्ज करा रहे हैं। वे न सिर्फ उपस्थिति बल्कि वे कई कोणों से उपयोगी भी सिद्ध हो रहे हैं। नारद एक ऐसा ब्लॉग है जहाँ विश्वभर में हिन्दी ब्लॉगरों का लेखा–जोखा है। यहाँ तत्काल पता चल जाता है कि अभी किसने अपने हिन्दी ब्लॉग में क्या लिखा है। इसी गोत्र की साइटें हैं–चिट्ठा, विश्व हिन्दी चिट्ठाकारों की जालमुद्रिका आदि। विश्वास है भविष्य में एक ही विषय पर लिखे जाने वाले ब्लॉग को पृथक्–पृथक् जानकारी भी इसी तरह उपलब्ध कराने वाले ब्लॉग साइट्स हों। हिन्दी ब्लॉग मण्डल में विभिन्न ब्लॉग रूपों के उदाहरण भी मौजूद हैं। जैसे कि अक्षरग्राम, बुनो कहानी, ज्ञान–विज्ञान जैसे ब्लॉग समूह ब्लॉग हैं, यानी कि लेखकों के समूह द्वारा लिखे जाने वाले चिट्ठे। 'ब्लॉगनाद' विश्व का पहला ऑडियो ब्लॉग है।

ब्लॉग उन भाषाओं के साहित्य एवं साहित्यकारों की रचनात्मकता को वैश्विक धरातल प्रदान करने की सूक्ष्म तकनीक है जो अन्तरजाल में हिन्दी की अनिवार्यता एवं खास तकनीक में दक्षता के बगैर अपनी

अभिव्यक्ति कौशल के बावजूद स्वयं को पिछड़ा हुआ मानते हैं। आज हिन्दी के बड़े–से–बड़े साहित्यकार, पत्रकार, चित्रकार और क्रिकेटर अपनी रचनात्मकता को ब्लॉग के माध्यम से ही सारे संसार के पाठकों के सम्मुख रखने लगे हैं। अब तो ब्लॉग पर इतनी सुविधाएँ मुहैया करा दी गयी हैं कि कोई भी उस तकनीक में पारंगत होकर अपनी किसी किताब को समूची दुनिया के लिए ऑनलाइन उपलब्ध करा सकता है। जैसे कि सृजन–सम्मान, छत्तीसगढ़ ने राज्य के 12 से अधिक साहित्यकारों की महत्त्वपूर्ण कृतियों को इण्टरनेट पर स्थापित किया है। ब्लॉग निजी अभिव्यक्ति का माध्यम ही नहीं, ब्लॉग मात्र निजी डायरी ही नहीं अपितु पत्र–पत्रिका की शक्ल भी अख्तियार कर चुका है।

हिन्दी के दो ऐसे ब्लॉग हैं जो पत्रिका की शक्ल में लगातार प्रकाशित हो रहे हैं और जिनके पाठक भी विश्वभर में फैले हुए हैं। ये एक तरह से ऑनलाइन वेब पत्रिका की तरह ही हैं। दोनों ही पत्रिकाओं में ऐसे लेखकों की रचनाएँ प्रकाशित की जाती हैं जो तकनीकी ज्ञान के कारण इण्टरनेट की पत्र–पत्रिकाओं में छप नहीं पाती हैं। दूसरी ओर कुछ ब्लॉग एक सजग प्रहरी के रूप में अपने सामाजिक दायित्वों के निर्वाह का प्रयास भी कर रहे हैं जैसे कि बालेन्दु शर्मा दाधीच का वाह मीडिया, हिन्दी ब्लॉग जो कि हिन्दी मीडिया की गलतियों का सार्थक छिद्रान्वेषण करता है। दूसरी ओर रवि रतलामी का हिन्दी ब्लॉग तकनीकी क्षेत्र के नये घटनाक्रम सम्बन्धी सूचनाओं और व्यंग्यात्मक टिप्पणियों के लिए चर्चित बना रहता है।

ब्लॉग और विज्ञापन

ब्लॉग के माध्यम से कमाई करने का सबसे बड़ा जरिया विज्ञापन है।

गूगल एडसेंस, बिडवर्टाइजर, ऐडब्रिट और रेवेन्यूपाइलट वगैरह कई ऑनलाइन सेवाएँ हैं जो ब्लॉग पर विज्ञापन देती हैं। इनमें से गूगल की 'ऐडसेंस' सेवा सबसे लोकप्रिय विज्ञापन सेवा है। दरअसल इनके विज्ञापन अपने ब्लॉग पर लगाने के लिए पहले इनका सदस्य बनना अनिवार्य है। ऐसी ज्यादातर सेवाओं की सदस्यता पूरी तरह निःशुल्क है। इनका सदस्य बनने के बाद ये सेवाएँ कुछ 'कोड' मुहैया कराती हैं, जिसे ब्लॉग पर लगाना होता है। यह कोड उपभोक्ता के ब्लॉग की सामग्री को पढ़कर उस सामग्री के हिसाब से विज्ञापन ब्लॉग पर दिखाता है। इसका मतलब यह है कि अगर आपका ब्लॉग सिनेमा और बॉलीवुड के बारे में है तो अमूमन उससे सम्बन्धित विज्ञापन ही आपके ब्लॉग पर दिखाई पड़ेंगे।

जब आपके ब्लॉग का कोई पाठक उस विज्ञापन पर क्लिक करेगा तो कुछ रकम आपके ऐडसेंस खाते में जमा हो जाती है। कुल जमा रकम के एक निश्चित सीमा तक पहुँचने के बाद गूगल चेक के माध्यम से वह रकम ब्लॉगर (ब्लॉग–लेखक) को भेज देता है।

विज्ञापन देने वाली कम्पनियाँ ब्लॉग की लोकप्रियता के आधार पर पेमेण्ट करती हैं। ब्लॉग से अच्छी कमाई करने के लिए केवल ब्लॉग बनाना ही काफी नहीं है। इसके अलावा कई सारी ऐसी चीजें हैं जो इस पर असर डालती हैं। जैसे कि ब्लॉग की सामग्री, ब्लॉग पर विज्ञापनों को स्थान, सर्च इंजन प्रमोशन और ब्लॉग के पाठकों की तादाद वगैरह। इनमें सबसे खास है ब्लॉग की सामग्री। आपके ब्लॉग की सामग्री अगर मनोरंजक, स्तरीय और दूसरे ब्लॉगों से कुछ हटकर है तो निश्चित ही लोग आपके ब्लॉग की तरफ आकर्षित होंगे और उसे पढ़ना चाहेंगे। ऐसे में आपके ब्लॉग के पाठकों की संख्या बढ़ेगी। जैसे–जैसे आपके ब्लॉग को ज्यादा लोग पढ़ेंगे, उस पर लगे विज्ञापनों पर क्लिक करने वालों की संख्या में भी इजाफा होता जायेगा। सामग्री की गुणवत्ता के अलावा यह भी काफी महत्त्वपूर्ण है कि क्या आपका ब्लॉग आसानी से लोगों की पहुँच में है? आमतौर पर लोग सर्च इंजन की मदद से विभिन्न विषयों की सामग्री को खोजते हैं। आपका ब्लॉग अगर ज्यादातर सर्च इंजन में डला हुआ है तो लोग आसानी से आपके ब्लॉग तक पहुँच सकते हैं। ब्लॉग खोजने के लिए 'टेक्नोरैटी' (www.technorati.com) काफी लोकप्रिय सर्च इंजिन है, इसलिए इसमें अपने ब्लॉग को शामिल करना बहुत जरूरी है। साथ ही इस बात पर भी गौर करना चाहिए कि आपके ब्लॉग पर विज्ञापन कहाँ लगे हुए हैं। विज्ञापन ऐसी जगहों पर लगे होने चाहिए जहाँ आसानी से लोगों की नजर जा सके।

किसी भी ब्लॉगर के लिए जो अपने ब्लॉग का व्यावसायिक इस्तेमाल करना चाहता है, सबसे जरूरी यह है कि वह अपने ब्लॉग पर नियमित तौर पर लेखन करे ताकि पाठक ब्लॉग की ओर आकर्षित होते रहें और आपके ब्लॉग को पढ़ने के आदी हो जायें। नियमित लेखन के अभाव में ब्लॉग के पाठकों की तादाद कम होती जाती है जो व्यावसायिक दृष्टि से नुकसानदेह साबित होता है।

ब्लॉगिंग के आयाम

ब्लॉगिंग नये क्षेत्रों, नयी दिशाओं में आगे बढ़ रही है। असल में ब्लॉग तो

अपनी अभिव्यक्ति, अपनी रचनाओं को विश्वव्यापी इण्टरनेट उपयोक्ताओं के साथ बाँटने का मंच है, और ऐसे मंच का प्रयोग सिर्फ लेखों, राजनैतिक टिप्पणियों और साहित्यिक रचनाओं के लिए किया जाये, यह किसी किताब में नहीं लिखा है। ब्लॉग पर फोटो या वीडियो डाल दीजिए, वह फोटो ब्लॉग तथा वीडियो ब्लॉग कहलाएगा। संगीत डाल दीजिए तो वही म्यूजिक ब्लॉग हो जायेगा। रेडियो कार्यक्रम की तरह अपनी टिप्पणियों को रिकॉर्ड करके ऑडियो फाइलें डाल दीजिए तो वह पोडकास्ट कहलाएगा। किसी ब्लॉग को कई लोग मिलकर चलायें तो वह कोलेबरेटिव या सामूहिक ब्लॉग बन जायेगा। हिन्दी में 'बुनोकहानी' नामक ब्लॉग पर कई ब्लॉगर मिलकर कहानियाँ लिख रहे हैं। यह इसी श्रेणी में आयेगी। किसी परियोजना विशेष से जुड़े लोग यदि आपस में विचारों के आदान–प्रदान के लिए ब्लॉग बनायेंगे तो वह प्रोजेक्ट ब्लॉग माना जायेगा और अगर कोई कम्पनी अपने उत्पादों या सेवाओं का प्रचार करने या फिर अपने कर्मचारियों के बीच वैचारिक आदान–प्रदान के लिए ब्लॉग बनाती है तो इसे कॉरपोरेट ब्लॉग कहेंगे। यानी ब्लॉग आपकी जरूरतों के अनुसार ढल सकता है। यूट्यूब (आम लोगों की ओर से पोस्ट किये गये वीडियो), लिकर (आम लोगों के खींचे चित्र), विकिपीडिया (आम लोगों द्वारा लिखे गये लेख) जैसी परियोजनाएँ भी ब्लॉगों की ही तर्ज पर विकसित हुई हैं। अब आम लोगों के भेजे समाचारों की वेबसाइटें भी लोकप्रिय हो रही हैं। अंग्रेजी समाचार चैनल आईबीएन ने पिछले साल इस दिशा में पहल की थी जो बहुत सफल हुई। भारत में मेरीन्यूज.कॉम भी नागरिक पत्रकारिता (सिटीजन जर्नलिज्म) पर आधारित एक चर्चित वेबसाइट है।

ब्लॉगिंग के और भी बहुत से रूप तथा उपयोग हैं। आजकल ईमेल पर जिस तरह से वायरसों और स्पैम (अनचाही तथा घातक डाक) का हमला हो रहा है उसे देखते हुए बहुत–सी कम्पनियाँ ब्लॉगों को सन्देशों के आदान–प्रदान के सुरक्षित माध्यम के रूप में भी इस्तेमाल कर रही हैं। यह सामाजिक मेल–जोल का भी एक माध्यम है। अपने ब्लॉग पर टिप्पणियाँ करने वाले अनजान व्यक्तियों के साथ सन्देशों का आदान–प्रदान करते–करते उनके साथ मित्रता हो जाना स्वाभाविक है। धीरे–धीरे एक ही विषय में रुचि रखने वाले लोगों के बीच सामुदायिकता की भावना पनप रही है।

हर ब्लॉगर चाहता है कि उसका ब्लॉग ज्यादा–से–ज्यादा लोगों द्वारा पढ़ा जाये। कई ऐसे ब्लॉगर हैं जो लिखते तो काफी अच्छा हैं, फिर भी उनके ब्लॉग के पाठकों की तादाद उम्मीद के मुताबिक नहीं होती है।

खासतौर पर हिन्दी के ब्लॉग्स को पढ़ने वालों की संख्या काफी सीमित है। हालाँकि कई सारी ऐसी तरकीबें हैं, जिनके जरिये ब्लॉग को लोकप्रिय बनाया जा सकता है और जितना अधिक लोकप्रिय ब्लॉग होगा, उससे उतनी ही अधिक कमाई भी की जा सकती है।

अपने ब्लॉग को लोगों तक पहुँचाने का सबसे आसान तरीका यह है कि उसे ज्यादा–से–ज्यादा ऑनलाइन वेब डायरेक्टरीज में जोड़ा जाये। दरअसल वेब डायरेक्टरी विभिन्न वेबसाइट्स का वर्गीकरण करती हैं और लोग अमूमन वेब डायरेक्टरीज के जरिये अपने काम की चीजें तलाशते हैं। ऐसे में अगर आपका ब्लॉग इनमें नहीं डाला गया है, तो काफी कम लोग ही आपके ब्लॉग तक पहुँच पाते हैं। इसी तरह अपने ब्लॉग को विभिन्न सर्च–इंजंस में डालना भी न भूलें। ब्लॉगर प्रायः गूगल के अलावा दूसरे सर्च–इंजंस को ज्यादा महत्त्व नहीं देते, हालाँकि सभी सर्च इंजंस के अपने–अपने प्रयोक्ता होते हैं। इसलिए सभी प्रमुख सर्च–इंजंस में अपने ब्लॉग को सबमिट करना न भूलें।

दूसरे सभी क्षेत्रों की ही तरह ब्लॉग जगत में भी मार्केटिंग की अहम भूमिका है। इण्टरनेट पर विज्ञापनों के जरिये लोगों को अपने ब्लॉग पर खींचा जा सकता है। याहू और गूगल आदि की बहुत–सी ऐसी सेवाएँ हैं, जहाँ ब्लॉग का विज्ञापन दिया जा सकता है। याहू और गूगल ने खासतौर से भारत में विज्ञापन दिखाने के लिए नयी योजनाएँ शुरू की हैं, जहाँ पचास पैसे से लेकर दो रुपये प्रति क्लिक तक देकर आप अपने ब्लॉग के लिए कई सारे सम्भावित पाठकों को आकर्षित कर सकते हैं, अगर इस तरह के विज्ञापनों की मदद से कोई एक बार आपके ब्लॉग पर आ गया और उसे आपके ब्लॉग की सामग्री पसन्द आयी, तो उसे नियमित पाठक बनने में कतई देर नहीं लगेगी। ब्लॉग को लोकप्रिय बनाने का एक अन्य तरीका यह है कि तमाम दूसरे साथी ब्लॉगर्स के ब्लॉग्स और वेबसाइट्स पर आपके ब्लॉग का लिंक हो। इसलिए दूसरों से आप अपने ब्लॉग का लिंक देने की गुजारिश कर सकते हैं। इस तरह अन्य स्रोतों से जितने ज्यादा लिंक आपके ब्लॉग को दिये गये होंगे, उतनी ही ज्यादा आपके ब्लॉग की पेज–रैंक होगी और उतने ही ज्यादा पाठक आपके ब्लॉग पर आयेंगे। साथ ही दूसरे ब्लॉग्स के नियमित पाठक इस तरह आपके ब्लॉग पर भी आने लगेंगे।

इण्टरनेट पर अभिव्यक्ति अब बायें हाथ का खेल हो चुका है। न वेब स्पेस लेने की माथापच्ची, न ही वांछित साइट रजिस्टर कराने की

जद्दोजहद। कोई कम्प्यूटरी भाषा (लैंग्वेज) सीखने की भी कतई जरूरत नहीं। किसी भी साइबर कैफे में यह कार्य चन्द मिनटों में हो सकता है।

ब्लॉग अन्तरजाल की दुनिया की ऐसी टेक्नोलॉजी है जिसके सहारे अभिव्यक्ति रातों-रात वैश्विक हो सकती है। चाहे आप यहाँ कविता लिखें या कहानी। उपन्यास लिखें या ललित निबन्ध या फिर समाचार ही टंकित करें। खास बात यह है कि ब्लॉग पर लिखने के लिए यह जरूरी नहीं कि आप बहुत बड़े लेखक, पत्रकार, कवि या विचारक ही हों। जरूरत है तो ब्लॉग पर क्लिक करने की और बस लग जायेंगे आपके विचारों को पंख। आप कुछ भी लिखेंगे, फीड बैक मिनटों में मिल जाता है। यानी किताब लिखने से ज्यादा तेज और फायदेमंद। फायदेमंद इसलिए क्योंकि यहाँ लिखने के लिए न तो आपको किसी पब्लिशर के चक्कर काटने पड़ेंगे और न ही किसी सम्पादक की कैंची का मोहताज होना पड़ेगा। अपनी पहचान को पूरी तरह छिपाते हुए आप साइबर कम्युनिटी का हिस्सा यानी ब्लॉगर बन सकते हैं।

दूर देश में बैठे मित्रों या अपरिचित पाठकों की नियमित और सार्थक प्रतिक्रिया भी मुफ्त में प्रेरणा स्वरूप। इससे आप अपनी लेखनी का मूल्यांकन भी नियमित कर सकते हैं। ब्लॉग की सबसे बड़ी उपलब्धि है उसका चिरकाल तक लोगों के पढ़ने के लिए उपलब्ध रहना। यह नहीं कि पेपर बैक संस्करण की तरह प्रकाशित हुआ और समय के साथ नष्ट हो गया। जब तक इण्टरनेट रहेगा, आपकी रचना आम लोगों की पहुँच में रहेगी।

ब्लॉग कैसे शुरू करें

ब्लॉग लिखने के लिये सबसे अच्छी चीज यह है कि इसके लिये आपको खास तकनीकी ज्ञान की जरूरत नहीं है। जरूरत है तो इच्छा शक्ति की, विचारों के प्रवाह की और थोड़े से समय की। यूँ तो अब विश्व की लगभग सभी बड़ी और आईटी आधारित कम्पनियाँ यथा एमएसएन, याहू, रेडिफ आदि हिन्दी सहित विश्व की कई भाषाओं में मुफ्त ब्लॉग लेखन हेतु सुविधायें उपलब्ध करा रही हैं। ये बड़ी कम्पनियाँ मुफ्त स्पेस उपलब्ध कराने की होड़ में युद्ध स्तर पर सम्मलित हो चुकी हैं किन्तु गूगल का ब्लॉगस्पॉट नये उपयोगकर्ताओं के लेखन के लिये सबसे सुगम और सरलतम साधन है। बस अपना एकाउण्ट बनाइये और शुरू हो जाइये। किसी समस्या के आने पर आपके अनेक मददगार मौजूद हैं चिट्ठाकार गूगल समूह में, जिसके आप तुरत-फुरत सदस्य बन सकते हैं।

उचित तो यही होगा कि ब्लॉग पर आप यूनिकोड हिन्दी का ही प्रयोग करें। यूनिकोड के प्रयोग से न केवल आपका ब्लॉग फॉण्ट विशेष पर निर्भरता से मुक्त हो सकेगा बल्कि, गूगल जैसे खोज इंजनों से आपके ब्लॉग की सामग्री भी आसानी से खोजी जा सकती है। फॉण्ट के ऊपर निर्भरता दूर होने का कारण पाठकों के कम्प्यूटर पर बस एक अदद यूनिकोड फॉण्ट की आवश्यकता है। यह नहीं कि हर जालस्थल को पढ़ने के लिये अलग–अलग फॉण्ट डाउनलोड करना पड़े। वैसे आजकल कई बेहतरीन यूनिकोड हिन्दी फॉण्ट उपलब्ध हैं जिन्हें भारत सरकार के साइट से भी मुफ्त में डाउनलोड कर सकते हैं। यदि उपयोगकर्ता यानी कि ब्लॉग–लेखक के कम्प्यूटर पर आपरेटिंग सिस्टम विंडोज़ एक्सपी हैं तो कोई अड़चन ही नहीं, क्योंकि यह मंगल नामक यूनिकोड हिन्दी फॉण्ट से लैस होता है। कहने का आशय यह है कि आपके कम्प्यूटर पर कम–से–कम एक यूनिकोड हिन्दी फॉण्ट होना चाहिए। बेहतर हो कि आप के पास हो विंडोज़ एक्सपी या नवीनतम लिनक्स तथा ब्राउजर हो इण्टरनेट एक्सप्लोरर 61। एक बार यूनिकोड हिन्दी के लिए मशीन सेटअप हो जाने के उपरान्त तो ब्लॉग लिखना ई–मेल लिखने जितना ही आसान है। एक खास बात यह कि हिन्दी यूनिकोड सिर्फ विंडोज़ 2000 या एक्सपी या उसके बाद के संस्करणों तथा लिनक्स में 2003 के बाद वाले संस्करणों में ही क्रियाशील है।

गूगल समूह की www.blogger.com का चयन हिन्दी वालों के लिए ज्यादा सरल और पूर्ण हिन्दी समर्थित वेबसाइट है। नयी शुरुआत करने वाले इसका चयन कर सकते हैं। ब्लॉग की शुरुआत करने के लिए सर्वप्रथम इस साइट पर जायें। अपना नाम यानी उपयोगकर्ता का नाम, अपने ब्लॉग का वांछित नाम, कूटशब्द (पासवर्ड) डालें। फिर दिये गये टेम्पलेट में से पसन्दीदा टेम्पलेट का चयन करें। इसके तुरन्त बाद आपको लेखन शुरू करने हेतु आपका अपना पेज आमन्त्रण देने लगेगा। एक शीर्षक दीजिए और लिखते जाइये–लिखते जाइये। यहाँ आप अपनी सामग्री को विभिन्न रंगों, आकृतियों में वांछित चित्रों के साथ सजा सकते हैं। बस काम पूरा हो जाये तो सम्बन्धित पृष्ठ को प्रकाशित कर दीजिए। जाने–अनजाने में कोई त्रुटि हो जाये तो भी चिन्ता की दरकार नहीं, एडिट पर जाइये और सम्पादित करते हुए पुनः प्रकाशित कर दीजिए।

जिन्हें माइक्रोसॉफ्ट के हिन्दी ऑफिस या देवनागरी कुंजीपटल में काम करना आता है उन्हें हिन्दी ब्लॉग रचने में कोई दिक्कत नहीं। वे

अपनी सामग्री को कट–पेस्ट कर वहाँ सजा सकते हैं। परन्तु जिनके पास विंडोज़ 98 या कोई अन्य पिछड़ा संस्करण वाला ऑपरेटिंग सिस्टम हैं उन्हें थोड़ी–सी समस्या जरूर होगी। इण्टरनेट या अन्तरजाल पर हिन्दी लेखन के लिए जरूरी है कि आप आई.एम.ई. संस्करण 5 इस्तेमाल करें। इसमें गोदरेज से लेकर रेमिंगटन, इनस्क्रिप्ट, फोनेटिक सभी तरह के कुंजीपटल हैं। यदि आपके कम्प्यूटर पर ऑपरेटिंग सिस्टम (ओ.एस.) विंडोज़ 98 काम कर रहा है तो आपको तख्ती का उपयोग करना होगा। यह तख्ती (Notepad) बेहद आसान और फोनेटिक तन्त्रांश है। जिसे आप सर्च कर आसानी से अपने मशीन पर डाउनलोड कर सकते हैं। परन्तु इसमें आप केवल लिख सकते हैं। इसके सहारे आप अपने विंडोज़ 98 वाले कम्प्यूटर में किसी ब्लॉग को पढ़ नहीं सकते। इसके लिए आपको यूनिकोड मंगल फॉण्ट डाउनलोड कर अपने कम्प्यूटर में रखना होगा।

वैसे ब्लॉगिंग की तकनीक में पारंगत होने के लिए अन्तरजाल पर संचालित 'सर्वज्ञ' नामक जालस्थल पर लॉगऑन कर सकते हैं जहाँ मुफ्त में ब्लॉगिंग की सम्पूर्ण प्रकिया से अवगत कराने वाली व्यवहारिक सामग्री हिन्दी में है। तो तैयार हैं आप, सामूहिक बोध से ऑनलाइन पत्रकारिता का नया संसार रचने के लिए ? यदि हाँ तो आपके जीवन में वह सुखद दिन भी आ सकता है जब आपको विश्व की सबसे बड़ी आईटी कम्पनी माइक्रोसॉफ्ट भाषा इण्डिया और उसके जैसी अन्य विश्वव्यापी कम्पनियों आदि से आपकी ब्लॉग को सर्वश्रेष्ठता के आधार पर पुरस्कृत करने के लिए ई–मेल भी प्राप्त हो।

वेब–पत्रकारिता और ब्लॉग

ब्लॉग (Blog) इण्टरनेट पर केवल निजी अभिव्यक्ति या स्वयं को अभिव्यक्त करने का स्वतन्त्र साधन नहीं रहा वह धीरे–धीरे साइबर जर्नलिज्म या ऑनलाइन जर्नलिज्म या इण्टरनेट जर्नलिज्म की शक्ल भी धारण करने लगा है। चाहे इसे एक ही व्यक्ति या पत्रकार द्वारा संचालित किया जाये या फिर समूह में। जिस तरह विभिन्न स्थानों का प्रतिनिधित्व करने वाले संवाददाताओं की टीम के सहयोग से किसी अखबार का प्रकाशन किया जाता है ठीक उसी तरह ब्लॉगों का संचालन भी सम्भव है। विश्व की विभिन्न आईटी आधारित कम्पनियों द्वारा मुफ्त उपलब्ध ब्लॉग सुविधा एवं समानधर्मा, किन्तु न्यूनतम–वांछित तकनीक में। दक्ष पत्रकारों के द्वारा भी किसी ऑनलाइन अखबार का संचालन अब सम्भव हो चुका है। यद्यपि ब्लॉग लेखन या ब्लॉगिंग की मूल प्रकृति निहायत व्यक्तिवादी है जहाँ कोई भी अपने विचार, भाव लिख कर उसे विश्वव्यापी बना सकता है, बाकायदा उस पर वैश्विक प्रतिक्रिया भी प्राप्त कर सकता है तथापि इस तकनीक का फायदा उठाकर वहाँ अखबार के नेट संस्करण की तरह सामूहिक लेखन भी किया जा सकता है, वह भी प्रोफेशनल पत्रकारों की तरह। कहने का आशय है कि ब्लॉगिंग पत्रकारिता जैसे सामूहिक बोध का जरिया भी बन सकता है।

ऑनलाइन पत्रकारिता के प्रकल्प के रूप में ब्लॉग तकनीक की सबसे बड़ी विशेषता है–सामूहिक अभिव्यक्ति का माध्यम अर्थात् समूह बोध यानी कि प्रजातान्त्रिक पत्रकारिता। जहाँ लिखने वाले और बाँचने वाले के मध्य किसी तरह की कोई दलाली नहीं। एक तरह से यह अभिव्यक्ति, सूचना, संचार और जानकारी का स्वतन्त्र और मर्यादित माध्यम सिद्ध हो सकता है जहाँ नियमित लिखने वाले सूचनादाता या संवाददाता या पत्रकारों को न तो अखबार–प्रबन्धन के निहित स्वार्थों और पूर्वाग्रह का सामना करना पड़ता है और न ही वहाँ अभिव्यक्त होने वाले पत्रकारों को सम्पादक की धारदार कैंची का सामना करने से उत्पन्न कुण्ठा और मानसिक तनाव

झेलने की विवशता। आत्मानुशासन और पूर्व लक्षित उद्देश्यों और शर्तों के सामूहिक अनुपालन से यह प्रबन्धक की निरंकुशता मुक्त पत्रकारिता भी बन सकता है। प्रकारान्तर यह बाजारवादी दबावों का काट और मीडिया में सम्पादक नामक (पत्रकार सहित) संस्था की वापसी की शुरुआत भी सिद्ध हो सकती है। जैसे–जैसे देश में इण्टरनेट, बिजली, तकनीकी ज्ञान और पाठकों का रुझान स्वस्थ और निहायत तटस्थ पत्रकारिता की ओर उन्मुख होता चला जायेगा वैसे–वैसे ब्लॉग आधारित पत्रकारिता भी विश्वसनीयता के नये प्रतिमान गढ़ सकती है। संक्षेप में कहें तो यह अन्तरजाल पर यानी वेब–पत्रकारिता का सहकारी उद्यम हो सकता है। परस्पर विश्वास से इसे समाचार या फीचर सर्विस की एंजेसी की तरह भी संचालित किया जा सकता है।

जैसा कि हम जानते हैं ब्लॉग संचालन के लिए कोई डोमेन रजिस्टर कराने, वेब–स्पेस खरीदने की कोई आवश्यकता नहीं होती, सामूहिक ब्लॉग लेखन यानी ब्लॉग आधारित आनलाइन पत्रकारिता भी शून्य बजट से प्रारम्भ की जा सकती है। बशर्ते, इस तरह की ऑनलाइन पत्रकारिता के लिए कटिबद्ध सभी पत्रकार, संवाददाता या लेखक यूनिकोडित फॉण्ट केन्द्रित टाइपिंग कार्य जानते हों और ब्लॉगिंग की न्यूनतम और वांछित तकनीक से भली–भाँति परिचित हों। इसके अलावा उन सभी के पास पर्याप्त गति वाली इण्टरनेट सुविधा भी हो तो सहकारी वेब पत्र–पत्रिका संचालन में उन्हें कोई अड़चन नहीं हो सकती, भले ही उस समूह के सदस्य किसी अंचल के हो या किसी दूर महाद्वीप से। यहाँ तक कि मुद्रित अखबार की तरह उसे आरएनआई (RNI) से पंजीयन और नियमित रूप से शासकीय नियमों के पालन में सरकारी दफ्तरों के चक्कर लगाने की भी कोई आवश्यकता नहीं होगी।

व्यावसायिक वेब पोर्टल और ब्लॉग पत्रकारिता

कंटेण्ट और तकनीकी रूप से यूँ तो बड़े घरानों की पत्रकारिता केन्द्रित वेब पोर्टल ब्लॉग के सामने ठीक वैसे नजर आते हैं जैसे चूहे के सामने हाथी। ऐसे वेब पोर्टलों में नियमित रूप से काम करने वाली एक प्रोफेशनल्स की टीम होती है जो दैनिक रूप से या प्रतिघण्टे वेब पोर्टलों को अपडेट करती रहती है। वहाँ ई–संस्करण संचालन की सुविधा भी होती है। ऐसे साइट कलात्मक ढंग से अधिक सौंदर्यबोधी हुआ करती हैं। उनका अपना स्पष्ट आर्थिक तन्त्र भी होता है। फिर भी सामग्री की नियमित उपलब्धता

की दृष्टि से यदि ऐसे सामूहिक ब्लॉग को भी सहकारिता और समूह के सदस्यों के द्वारा सुनिश्चित अनुशासन की परिधि से संचालित किया जाये तो कोई दो मत नहीं कि वहाँ पाठकों का जमावड़ा न हो, लोग उस ब्लॉग पर न जायें या वह विश्वसनीय जालस्थल न बन सके। अब ब्लॉगों के रूप में भी काफी परिवर्तन और विकास हो चुका है। ऐसे ब्लॉगों को टैक्स्ट के साथ ही फोटो, ऑडियो, वीडियो आदि से भी सजाया जा सकता है। आम वेब पोर्टलों और समाचार–पत्रों से हटकर यदि कंटेण्ट की मौलिकता, रोचकता, उत्कृष्टता और विश्वसनीयता पर ध्यानस्थ हुआ जा सके तो सम्भव है कि कई मायने में ऐसे सहकारी ब्लॉग ज्यादा लोकप्रिय भी हो सकते हैं बनिस्बत किसी सामान्य नेट अखबार के। ऐसे विश्वसनीय ब्लॉगों की बहुतायत ऑनलाइन पत्रकारिता के माध्यम से उस मिशन की पुनः वापसी भी सम्भव हो सकती है जो पत्रकारिता की मूल आत्मा है। वह दिन दूर नहीं जब भारत में भी बिलकुल पश्चिमी दुनिया की तरह यानी कि अंग्रेजी पत्रकारिता की तरह अभिव्यक्ति के चरम उदात्त मूल्यों को स्थापित होते देखा जा सकेगा। तब आज की तरह पत्रकारिता का ध्येय व्यवसायिकता नहीं बल्कि सेवा कर्म ही होगा तथा जहाँ हर नागरिक एक पत्रकार की तरह अपनी आवाज सारी दुनिया में पहुँचा सकेगा। यदि यह हुआ तो उसमें ऐसे ब्लॉगों की भूमिका सर्वोपरि साबित होगी, क्योंकि तब प्रसिद्ध वेब पत्र या पोर्टल के संवाददाता का मुँह भी ताकना नहीं पड़ेगा और पलक झलकते ही किसी चित–परिचित ब्लॉग केन्द्रित मीडियामैन के माध्यम से अपनी आवाज बुलन्द की जा सकेगी। इतना ही नहीं, एकला चलो रे की शैली में स्वयं एक अकेला ब्लॉगर भी अपने ब्लॉग के माध्यम से दुष्यन्त की तरह गा उठेगा–

> कौन कहता है कि आसमान में सुराख नहीं हो सकता
> तबियत से एक पत्थर उछालो तो यारों।

ब्लॉग, पत्रकार और पत्र–पत्रिकाएँ

ब्लॉग तकनीक के विकसित होने से भाषायी चिट्ठाकारिता के साथ–साथ पत्रकारिता की नयी दिशाएँ खुलने लगी हैं। इधर भारतीय भाषाओं में काम करने की आवश्यक सुविधा से ऑनलाइन पत्रकारिता में प्रिण्ट मीडिया के अनुभवी पत्रकार सहित नये–नये लोग या गैर पत्रकार भी नजर आने लगे हैं। वैसे भारत में और खास कर हिन्दी में ब्लॉग प्रौद्योगिकी केन्द्रित ऑनलाइन पत्रकारिता का यह निहायत प्रारम्भिक दौर है फिर भी इण्टरनेट

पर मौजूद इस श्रृंखला को देखने से नया विश्वास भी मन में उमगता है। इस श्रृंखला में उन लोकप्रिय ब्लॉगों की चर्चा प्रासंगिक होगी, जिन्हें विशुद्ध रूप से ऑनलाइन पत्रकारिता की श्रेणी में रखा जाना चाहिए–

www.rachnakar.blogspot.com : रवि रतलामी मूलतः इंजीनियर और इण्टरनेट विशेषज्ञ हैं और ब्लॉग को भारतीय पृष्ठभूमि में लोकप्रिय बनाने वालों में से एक और अतिसक्रिय ब्लॉगर हैं। रचनाकार नामक उनका ब्लॉग वेब–पत्र की तरह ही विगत कई वर्षों से संचालित है तथा जिसे माइक्रोसॉफ्ट जैसी विश्वस्तरीय कम्पनी का विशिष्ट पुरस्कार भी प्राप्त हो चुका है। इस जालस्थल पर प्रतिदिन कला, साहित्य, संस्कृति, इण्टरनेट, नयी तकनीक, की जानकारी दी जाती है। यद्यपि वे इसे अकेले संचालित करते हैं किन्तु यह उन सभी लोगों को समर्थन देता है जो अन्तरजाल पर लेखन में दक्ष नहीं हैं।

www.kalpana.it/hindi/blog/ : सुनील दीपक का 'जो कह न सके' जैसे जालस्थल को वेब–पत्रकारिता का खास उदाहरण माना जा सकता है। वैसे वे छायाचित्रकार (www.kalpana.it/photo/blog/) नाम से एक फोटो ब्लॉग भी नियमित रचते हैं जो मूलतः विदेशी भूगोल पर अभिकेन्द्रित फोटो पत्रकारिता पर केन्द्रित है।

www.malwa.wordpress.com/ : जैसा कि डोमेन नेम से ही स्पष्ट है, यहाँ मालवा अंचल जैसे इंदौर, धार, झाबुआ, खण्डवा खरगौन आदि क्षेत्रों के सभी प्रकार के समाचार पढ़े जा सकते हैं। यह ब्लॉग पर निर्मित ऑनलाइन आंचलिक पत्रकारिता का एक सशक्त उदाहरण हो सकता है खासकर उन क्षेत्रों के पत्रकारों के लिए जो स्वतन्त्र रूप से पत्रकारिता करना चाहते हैं।

www.wahmoney.blogspot.com : कमल शर्मा मूलतः ऐसे पत्रकार हैं जो लम्बे समय से पहले प्रिण्ट फिर वेबमीडिया से जुड़े रहे हैं। मुम्बई निवासी श्री कमल शर्मा फिलहाल इलेक्ट्रॉनिक टीवी 18 इण्डिया लिमिटेड समूह की कमोडिटीज कण्ट्रोल डॉट कॉम के सम्पादक हैं और उसके अलावा वाह मनी और www.journalistkamal.blogspot.com नामक ब्लॉग के माध्यम से अपनी पत्रकारिता धर्म का निर्वहन विश्व में फैले हिन्दी समुदाय के लिए कर रहे हैं। इसमें से वाहमनी मुद्रा, बाजार, उद्योग और कॉर्पोरेट जगत के विश्लेषित समाचार के लिए लगातार अपनी पाठक संख्या बढ़ाता जा रहा है।

www.sampadkmahoday.blogspot.com : वैसे तो यह प्रत्यक्षतः पत्रकारिता पर केन्द्रित नहीं है किन्तु यहाँ पत्रकारिता के शीर्षस्थ पुरूषों जैसे सर्वेश्वर दयाल सक्सेना आदि पर लिखी गयी शोध कृतियों को हरिभूमि रायपुर के स्थानीय सम्पादक संजय द्विवेदी द्वारा संजोया जा रहा है। वे बताते हैं कि भविष्य में उनके द्वारा विभिन्न अखबारों में समय–समय पर की गयी खास और महत्त्वपूर्ण शताधिक टिप्पणियों को भी सम्मिलित किया जा रहा है। इसे इस मायने में पत्रकारों की नयी पीढ़ी और पत्रकारिता के विद्यार्थियों के लिए महत्त्वपूर्ण जालस्थल कह सकते हैं।

चम्बल के दो ऑनलाइन अखबार

अन्तरजाल पर इन दो ई–समाचार पत्रों को देख कर इतना तो कहा ही जा सकता है कि कम्प्यूटर और इण्टरनेट की ब्लॉग प्रौद्योगिकी, पत्रकारिता को अपने जीवन का लक्ष्य मानने वालों को अपने प्रोफेशन में कम लागत और कम समय में सफल होना सिखा रही है। ये दो ई–पत्र हैं–चम्बल की आवाज और राजपूत इण्डिया। दोनों समाचार–पत्र एमएसएन द्वारा संचालित माई स्पेस में बनाये गये हैं। दोनों ही समाचार–पत्र अपने अंचल के भष्ट्राचारियों की पोल खोल रहे हैं। सिर्फ इतना ही नहीं यहाँ विकास के साथ–साथ कला, साहित्य, संस्कृति, व्यापार, राजनीति आदि सभी प्रकल्पों के समाचार प्रतिदिन प्रकाशित होते हैं और बाकायदा ये समाचार इन क्षेत्रों ही नहीं बल्कि समूचे विश्व में पढ़े जाते हैं। राजपूत इण्डिया फरवरी, 2005 से कारगर ढंग से संचालित है जबकि चम्बल की आवाज 2005 के जुलाई माह से संचालित हो रहा है। यदि आप चम्बल की आवाज सुनना चाहते हैं तो http://chambal.spaces.live.com/ पर लॉग ऑन कर सकते हैं और राजपूत इण्डिया के लिए http://rajputaindia.spaces.live.com/ http://mohalla.blogspot.com/ पर यह एनडी टीवी के पत्रकार अविनाश का हिन्दी ब्लॉग है जिस पर कई विषयों के माहिर लोग नियमित रूप से लिखते हैं।

http://paryavaran-digest.blogspot.com/ : यह ब्लॉग की ही महिमा है जिसकी बदौलत 1987 से निरन्तर प्रकाशित पर्यावरण पर पहली राष्ट्रीय मासिक पत्रिका पर्यावरण डाइजेस्ट ऑनलाइन पढ़ी जा सकती है। जो रतलाम के पर्यावरणविद् पत्रकार डॉ. खुशालसिंह पुरोहित के सम्पादन एवं रवि रतलामी के तकनीकी सहयोग में प्रकाशित हो रही है।

इसी तरह के अन्य खास हिन्दी ब्लॉगों में रवीश कुमार के 'कस्बा' को शामिल किया जा सकता है जिसका यूआरएल है–http://naisadak.

blogspot.com/। सृजन–सम्मान की पहल पर छत्तीसगढ़ में शुरू पहली ब्लॉगजीन– सृजनगाथा का जिक्र भी आत्मप्रशंसा की बात नहीं होगी जिसे कई स्थानीय कवि–लेखक मिलकर संचालित करते हैं तथा जिसे www.srijansamman.blogspot.com पर लॉगऑन किया जा सकता है। यह मूलतः छत्तीसगढ़ के हिन्दी रचनाकारों का साहित्यिक जालस्थल ही है। सृजन–सम्मान की पहल पर शुरू हुई ई–छत्तीसगढ़ भी इलेक्ट्रॉनिक पत्रकार जेड. कुरैशी द्वारा संचालित पत्रकारिता केन्द्रित ब्लॉग है।

http://merekavimitra.blogspot.com : वैसे तो इस श्रेणी में कई चिट्ठों को रखा जा सकता है किन्तु 'हिन्दी युग्म' और 'चिट्ठा चर्चा' को सहकारी चिट्ठों का नायाब नमूना माना जा सकता है। 'हिन्दी युग्म' की विषय–वस्तु इंजीनियरिंग के छात्र शैलेष भारतवासी के मस्तिष्क की उपज है जहाँ नितान्त नये और सीधे ऑनलाइन या इण्टरनेट पर पधारे कवियों की कवितायें प्रकाशित हो रही हैं। एक तरह से यह युवा कविता का घर है जहाँ प्रतिमाह सृजन–सम्मान द्वारा प्रतियोगिता के आधार पर सफल रचनाकारों को उपहार में कृतियाँ भी भेंट की जा रही हैं। इन पंक्तियों का लेखक भी माह भर में पोस्ट की गयी कविताओं पर अपनी टिप्पणी देता है। इसके अलावा ये कवि आपस में एक दूसरे की कविताओं पर टिप्पणी करके भी एक–दूसरे को कविता कर्म का पाठ देते हैं। 'चिट्ठा चर्चा' का पता है–http://chitthacharcha.blogspot.com। इसे फिलहाल 19 लेखक मिलकर संचालित कर रहे हैं।

यूँ तो हिन्दी ब्लॉगिंग सहित ब्लॉग आधारित विशुद्ध पत्रकारिता प्रारम्भिक दौर से गुजर रही है। उसे हम डॉट कॉम और ओआरजी जैसे व्यावसायिक पोर्टलों के मुकाबले आज खड़े नहीं कर सकते क्योंकि उपलब्ध ब्लॉग में वह सारी सुविधाएँ भी नहीं है जो एक वेब पोर्टल में सामान्यतः होती हैं। वेब पोर्टल का सौदर्यशास्त्र भी इन ब्लॉगों को कुछ पल के लिए कमजोर साबित कर सकता है, किन्तु, जिन्हें समाचार, विचार और सूचना मात्र पर विश्वास होगा वे इन ब्लॉगों पर प्रदत्त सुविधाओं से मुँह नहीं मोड़ सकते। ब्लॉगरों की दुनिया का विश्लेषण करें और खास तौर पर समाचार लेखन की भाषा पर विचार करें तो अभी वहाँ पत्रकारिता की कॉमन आचरण संहिता का दबाब नजर नहीं आता जो वेब–पत्रकारिता के लिए भी अपरिहार्य होगी। भविष्य में उच्छृंखल भाषा से इन ब्लॉग लेखक–पत्रकारों को स्वयं को बचाना होगा। अच्छा होगा कि वे स्वयं ही आत्मानुशासन का नया शास्त्र तैयार करें जो भविष्य में ब्लॉग आधारित पत्रकारिता के साथ–साथ

समकालीन अन्य ब्लॉग लेखकों को भी अनुशासित होने के लिए प्रेरित और बाध्य कर सके। जहाँ तक समाचार और विचार चयन का प्रश्न है वहाँ भी चौथे स्तम्भ की मर्यादाओं का अनुपालन स्वतः आवश्यक है ताकि प्रजातान्त्रिक मूल्यों और संस्कारों को कहीं से खरोंच न लगे। आज जबकि बड़े घरानों के समाचार पोर्टल दनदनाते हुए अन्तरजाल पर नित–प्रतिदिन कोने–कगरे से समाचार परोस रहे हैं से टक्कर लेने में और उनके बरअक्स अपनी पठनीयता और विश्वसनीयता बनाये रखने के लिए ब्लॉग पत्रकारों को जरूरी है कि वे समाचार संकलन की सर्वसुलभ प्रविधियों से हटकर उन जगहों पर समाचार तलाशें जहाँ एक प्रोफेशनल पत्रकार लगभग नहीं जाता या उसे वहाँ जाये बिना भी पगार मिल जाया करती है या उसे वहाँ समाचार जैसा कुछ दिखायी नहीं देता। इस दृष्टि से ब्लॉग आधारित पत्रकारिता उपेक्षित विषयों पर लेखन के लिए पतित पावनी गंगा सिद्ध हो सकती है। इसे हम बाजारवादी और उपभोक्तावादी पत्रकारिता के विरुद्ध एक कारगर अस्त्र के रूप में भी देखें तो कोई अतिशयोक्ति नहीं होगी। जिस तरह से समकालीन भारतीय परिस्थितियाँ गवाही दे रही हैं, उसे परीक्षित कर कहा जा सकता है कि भविष्य में वंचित, शोषित, पीड़ित और उपेक्षित मनुष्यता की चीखों, पुकारों, आवाजों को नजरअंदाज करने वाली विद्रूपताओं के विरुद्ध एक सशक्त विकल्प के रूप में भी इन ब्लॉगों को कारगर बनाया जा सकता है। तब ये ब्लॉग–पत्र सबसे ताकतवर मीडिया के रूप में जाने–पहचाने जा सकेंगे। सिर्फ इतना ही नहीं इस माध्यम से भाषायी पत्रकारिता की दिशा में काफी कुछ किया जा सकेगा।

स्टिंग ऑपरेशन (डंकमार अभियान)

"किसी सम्पादक, पत्रकार या समाचार–पत्र का उत्तरदायित्व किसी देश के शासन के प्रति नहीं बल्कि उस देश के लोगों के प्रति होता है। हमारे समाज में जिसमें ऐसे लोग नहीं हैं जो अपने विचार आग्रहपूर्वक रख सकें या पर्याप्त शक्तिशाली जनमत नहीं है, समाचार–पत्रों का दायित्व बढ़ जाता है और हममें से (पत्रकारों) प्रत्येक का यह दायित्व हो जाता है कि हम जनमत का प्रतिनिधित्व ही न करें बल्कि उसके अग्रणी हों।"

–फ्रैंक मोरेस

शूली का पथ ही सीखा हूँ, सुविधा सदा बचाता आया।
मैं बलि पथ का अंगारा हूँ, जीवन–ज्वाल जलाता आया।।

– पं. माखनलाल चतुर्वेदी

स्टिंग की अवधारणा

स्टिंग का अर्थ डंक, दंश, पौधों का शूल, डंक की पीड़ा, मर्म, वेदना, स्फूर्ति, तीव्रता और उतेजन होता है। इसकी क्रिया के रूप का मन्तव्य चुभोना, पीड़ा देना, डंक मारना है। स्टिंगर (Stinger) डंक मारने वाला, पीड़ा पहुँचाने वाला होता है। डंक मारने वाला बिच्छू है जिसकी पीड़ा जीवन में असह्य है–

बिच्छू मारे, रवि तवै, औ, कपूत रिसियाय।
भादो रात में घर चुवै ये दुख सहा न जाय।।

डंक कलम और जीभ दोनों में है। दंश, विषदंश से पीड़ित समाज आज मीडिया से भयाक्रान्त है। डंक मारक घाव है, मर्म पर गहरा आघात है। घात प्रतिघात से पूर्ण पत्रकारिता काटने, नोंचने, लताड़ने, हँसने, ठुकराने तथा मर्मांतक पीड़ा पहुँचाने का प्रभावी माध्यम हो चुकी है।

'स्टिंग' शब्द 1930 के अमेरिकन स्लेंग से निकलकर आया है जिसका अर्थ है, चोरी या धोखेबाजी की क्रिया, जिसकी योजना पहले ही

तैयार कर ली गयी हो। 1970 के आसपास यह शब्द अमेरिकन उपयोग में आने लगा जिसका अर्थ था, पुलिस के द्वारा डिजाइन गुप्त ऑपरेशन्स जो किसी अपराधी को फँसाने के लिए किये जाते थे। धीरे–धीरे स्टिंग किसी अपराधी को पकड़ने के लिए जाल बिछाने का पर्याय बन गया। अपराधियों को धोखे में रखकर की जाने वाली इस क्रिया में कई प्रकार से काम किया जा सकता है। किसी ड्रग सप्लायर को पकड़ने के लिए अवैध दवाएँ खरीदना, रिश्वतखोर को खास तरह की पेशकश या किसी वेश्या अथवा दलाल को पकड़ने के लिए ग्राहक बनाकर भेजना जैसे काम जो खुफिया पुलिस अपने मिशन के लिए करती थी वह पत्रकारिता ने अपना लिया है।

डंक मारना (स्टिंग) मनोभावों को आहत करता है। उग्र मानसिक पीड़ा को स्टिंग कहते हैं। आज की पत्रकारिता प्राणघातक है। छपे हुए अक्षर भाले की तरह कार्य करते हैं–

जख्म तलवार के गहरे भी हों मिट जाते हैं।
लफ्ज तो दिल में उतर आते हैं भालों की तरह।।

आज के कुछ पत्रकार स्टिंगर (Stinger) डंक मारने वाला, उग्र पीड़ा देने वाला, पीड़ाप्रद प्रहारक हैं। उनकी पत्रकारिता Stinging (डंक मारने) का उपकरण है।

स्टिंग ऑपरेशन : विविध आयाम

इलेक्ट्रॉनिक स्नूपिंग, ऑपरेशन पिन बनाम इण्टरनेट हमला, एजेण्ट प्रोवोकेटर, कास्टिंग काउच, बेट कार, कॉप्स इन शॉप्स, एबस्केम ये स्टिंग ऑपरेशन की टर्मिनोलॉजी है। दुनिया भर में कई सालों से इनका उपयोग किया जा रहा है।

2005 में इण्डिया टीवी द्वारा बॉलीवुड में चलाया गया शक्ति कपूर का चर्चित स्टिंग ऑपरेशन 'कास्टिंग काउच'। कास्टिंग काउच में यूरोपियन खुफिया विभाग के हनी ट्रेप स्टिंग ऑपरेशन की तकनीक का इस्तेमाल हुआ था। हनी ट्रेप में आपराधिक और अनैतिक काम करने वालों को धोखे से स्वयं को पुलिस संगठन के हवाले करने का प्रलोभन दिया जाता है। जहाँ पर स्टिंग ऑपरेशन का लक्ष्य कोई सन्दिग्ध व्यक्ति होता है और उसे किसी विशिष्ट अपराध की स्वीकृति करते हुए पकड़ने के लिए जाल बिछाया जाता है। जासूसी भाषा में हनी ट्रेप का इस्तेमाल सोवियत और ईस्टर्न यूरोपियन इंटेलिजेंस सर्विसेज के द्वारा किया जाता रहा है, जिसमें

महिलाएँ व्यापारियों और अधिकारियों के अवैध सम्बन्धों को उजागर करने में मदद करती थीं। इसका सबसे प्रसिद्ध मामला है जब 1980 में यूएस मैराइन कार्प सार्जेंट क्लेटॉन जे. लोनट्री एक महिला सोवियत अधिकारी के द्वारा पकड़े गये थे।

इलेक्ट्रॉनिक स्नूपिंग—इलेक्ट्रॉनिक स्नूपिंग का प्रयोग सरकारी एजेंसियाँ अपराधियों को पकड़ने के लिए करती हैं। इलेक्ट्रॉनिक स्नूपिंग के जरिए आपकी बातचीत आपसे चुरायी जा सकती है। जिस किसी से आप मिलने जा रहे हों, हो सकता है उसने बॉडी माइक पहन रखा हो या अपने बीफ्रकेस में छिपा हुआ रिकॉर्डर रख रखा हो और फिर उस बातचीत को सार्वजनिक किया जा सकता है। ऐसा आपके अपने वकील, बैंक या सरकारी एजेंसियों से की गयी बातचीत का खुलासा किये जाने के लिए किया जा सकता है।

आपके टेलीफोन वायर्स आपके घर के नजदीकी खम्भे से जुड़े होते हैं, जिसमें एक जंक्शन बॉक्स होता है जहाँ इन्हें मेन केबल से जोड़ा जाता है। टेप करने वाला खम्भे पर चढ़कर जंक्शन बॉक्स को खोलता है, जहाँ पर टर्मिनल के करीबन 20 सेट होते हैं। फिर वह अपना छोटा हैण्डसेट फोन निकालता है। उनमें से दो तारों को फोन में प्लग करता है। फिर वह आपका नम्बर मिलाता है और तारों को अपनी उँगलियों से छुआये रखता है। अगर कुछ नहीं होता है तो इसका अर्थ है कि उसने गलत नम्बर डायल किया है। फिर दूसरे जोड़े को आजमाता है अगर उँगलियों में हल्का–सा झटका लगता है तो वह जान जाता है कि उसने आपका नम्बर डायल किया है और तुरन्त फोन काट देता है। अगर गलती से आप उठा भी लेते हैं तो वह चतुराईपूर्वक उत्तर देता है रिपेयर सर्विस जस्ट टेस्टिंग! अब वह आपकी फोन कॉल्स को सुन सकता है और आपके द्वारा की जाने वाली या फिर रिसीव की जाने वाली कॉल्स को रिकॉर्ड कर सकता है। उसके पास एक ऐसा गैजेट भी हो सकता है जो उसे बता दे कि आपने कौन–सा नम्बर डायल किया है। इस तरह निजी बातचीत आसानी से सार्वजनिक हो सकती है।

एबस्केम—एबस्केम 1980 का यूएस स्कैंडल है। एफबीआई द्वारा चलाया गया स्टिंग ऑपरेशन जिसे कांग्रेस के सदस्यों को रिश्वत लेते रंगे हाथों पकड़ने के लिए किया गया था। एफबीआई ने 1978 में अब्दुल एण्टरप्राइजेज लिमिटेड नाम की कम्पनी बनायी। अपने कर्मचारियों को उसमें मिडिल ईस्टर्न बिजनेसमैन के रूप में नियुक्त किया, जहाँ सरकारी

अधिकारियों से उनकी बातचीत वीडियोटेप में रिकॉर्ड की गयी। अधिकारियों को एक काल्पनिक शेख के राजनीतिक समर्थन के लिए पैसा दिये जाने का प्रस्ताव रखा गया। इस प्रकरण में मेल्विन वेनबर्ग नाम के एक कॉन आर्टिस्ट ने भूमिका निभायी जिसे एफबीआई ने किराए पर लिया था। कॉन आर्टिस्ट ही किसी भी व्यक्ति को आर्थिक फायदे या फिर अन्य फायदों के लिए बहकाते हैं। फँसने वाले व्यक्ति मार्क के नाम से जाने जाते हैं। 'एबस्केम' एफबीआई के द्वारा किया जाने वाला बड़ा ऑपरेशन था, जिसमें हैरीसन ए. विलियम्स, जॉन जेनरेट, रिचर्ड कैली, रेमंड लेडरर, जैसे अनेक वरिष्ठ पकड़े गये। एफबीआई पर भी एनट्रेपमेण्ट का आरोप लगा। इस केस का रोचक पहलू था कि जहाँ एक–एक करके बड़े नेताओं की पोल खुल रही थी, वहीं इसमें यूएस सीनेटर लैरी प्रेसलर साफ बच निकले। ऑपरेशन के दौरान उन्हें भी रिश्वत देने की कोशिश की गयी थी लेकिन लैरी ने रिश्वत लेने से इन्कार कर दिया।

कॉप्स इन शॉप्स–यह अमेरिका में एल्कोहल कानून प्रवर्तन प्रोग्राम है, जिसका उद्‌देश्य 21 साल से कम उम्र के लोगों में शराब की प्रवृत्ति को कम करना है। साधारण वेशभूषा में पुलिस अधिकारी शराब की दुकानों पर तैनात होते हैं ताकि धोखे से युवाओं को पकड़ा जा सके।

ऑपरेशन पिन–ऑपरेशन पिन एफबीआई, इण्टरपोल, रॉयल कैनेडियन पुलिस और ऑस्ट्रेलियन हाई टेक क्राइम सेण्टर द्वारा तैयार किया गया है, जिसका उद्‌देश्य चाइल्ड पोर्नोग्राफी में लिप्त लोगों के काले कारनामों को उजागर करना था। इस ऑपरेशन में ऐसी वेबसाइटों की रचना और संचालन शामिल था जो अवैध तस्वीरों का बहकावा देती थीं। उन्हें इस तरह से डिजाइन किया गया था ताकि ज्यादा से ज्यादा अपराधियों को इस बहकावे में फँसाया जा सके। वेबसाइटों के इस नेटवर्क को हनीपॉट कहा जाता था।

बेट कार–बेट कार का उपयोग वाहन–चोरों के लिए किया जाता है। इस ऑपरेशन में उपयोग होने वाली कार को बेट कार कहा जाता है। इस वाहन की विशेषता होती है कि उसमें बुलेटप्रूफ ग्लास, वीडियो कैमरा जिनमें ऑडियो, टाइम और तारीख रिकॉर्ड हो जाते हैं और इंजन को खराब करने व दरवाजों को रिमोट के साथ लॉक करने की क्षमता होती है। बेट कार दरअसल वाहन–चोरों को प्रलोभन देकर पकड़ने का तरीका है।

एजेण्ट प्रोवोकेटर–एजेण्ट प्रोवोकेटर एक ऐसा व्यक्ति होता है जो

हिंसा, वाद–विवाद, बहस या अन्य अराजक माहौल बनाने का काम करता है। दरअसल यह व्यक्ति खुफिया विभाग या पुलिस का आदमी होता है जो अपराध में लिप्त होकर अपराधियों तक पहुँचता है।

महत्त्वपूर्ण स्टिंग

विदेशों से उधार ली गयी परम्परा आज भारतीय बाजार पर भी अच्छा–खासा असर डाल रही है। नये न्यूज चैनल जिनका नाम तक दर्शक ठीक से जानते नहीं थे, उन्होंने धड़ाधड़ स्टिंग ऑपरेशन से बाजार में अपनी पैठ बना ली। शक्ति कपूर से जुड़े कास्टिंग काउच ऑपरेशन के प्रसारण के समय भारतीय टी.आर.पी. में 'इण्डिया टीवी' ने पहले स्थान पर अपनी जगह बना ली। टैम मीडिया रिसर्च इण्डिया द्वारा उपलब्ध करवाये गये आँकड़ों के अनुसार यह सफलता पूरे सप्ताह बनी रही।

विज्ञापन से जुड़े विशेषज्ञ कहते हैं कि टी.आर.पी. रेट बढ़ने का सीधा सीधा मतलब है, विज्ञापनों से प्राप्त होने वाला लाभ भी बढ़ना। इन कार्यक्रमों के बीच में दिखाये जाने वाले विज्ञापनों की कीमत, चैनल पर दिन भर चलने वाले समाचार कार्यक्रमों से कहीं ज्यादा होती है। ऐसे ऑपरेशन प्रसारित करने के बाद कई बार चैनल विज्ञापन दिखाने के लिए दाम भी बढ़ा देते हैं। इसलिए, विभिन्न चैनल उन अवसरों की तलाश में रहते हैं, जिनसे वे रेंटिंग युद्ध जीत सकें और दर्शकों को अपनी ओर खींच सकें।

अक्सर चैनल द्वारा स्टिंग ऑपरेशन के लिए सुनिश्चित बजट नहीं बनाया जाता है, आमतौर पर स्टिंग ऑपरेशन पर दो महीने से लेकर सालों तक समय लग सकता है। ऐसे में स्टिंग ऑपरेशन पर लगने वाले खर्च का अनुमान लगाना मुश्किल है। दरअसल ऑपरेशन की लागत उसके प्रकार, स्तर, उससे जुड़े लोगों की संख्या और तकनीकी पर निर्भर करती है। फिर इस काम में लगे व्यक्तियों के समय, उनके खर्च, 'रिश्वत' की राशि और व्यवस्थाओं पर बहुत–सा खर्च आता है। इसके अलावा ऑडियो–वीडियो रिकॉर्डिंग के लिए काम आने वाले आश्चर्यजनक तकनीकी साधनों जैसे अतिसूक्ष्म स्पाईकैम और वॉयस रिकॉर्डर की कीमत 4,000 से 25,000 लाख रुपए तक पड़ती है। स्टिंग मिशन में सबसे महत्त्वपूर्ण भूमिका निभाती है तकनीकी। बिना इन अतिसूक्ष्म साधनों के इतने बड़े उद्देश्य पाना असम्भव होता है। टेलीविजन चैनल पर दुनिया के सामने सच्चाई की साफ तस्वीरें दिखाना बहुत व्ययसाध्य है।

वॉशिंगटन पोस्ट के अनुसार भारत के लगभग सभी टीवी न्यूज चैनल

भ्रष्टाचार का पर्दाफाश करने के लिए स्पाई कैमरे का इस्तेमाल करते हैं। ट्रांसपेरेंसी इण्टरनेशनल विश्व भर में चलाये जा रहे स्टिंग ऑपरेशनों को बिहेवियरल टेस्ट या ऑनेस्टी टेस्ट (ईमान की परख) के रूप में देखता है और इसे भ्रष्टाचार को उजागर करने का अच्छा साधन मानता है।

दुर्योधन, कास्टिंग काउच, घूस महल, चक्रव्यूह जैसे कार्यक्रमों की बढ़ती लोकप्रियता ने दो सवाल पैदा किये हैं। पहला यह कि इन कार्यक्रमों को देखता कौन है? दूसरा क्या इसका फायदा जनता को सीधे होता है? पहले सवाल का जवाब टैम रिसर्च के आँकड़े देते हैं। इसके अनुसार अक्सर प्राइम टाइम पर दिखाये जाने वाले इस तरह के कार्यक्रम के दर्शकों में बड़ों से लेकर बच्चे तक शामिल होते हैं। जनता को चैनल द्वारा भ्रष्टाचार को उजागर करने का यह आइडिया जरूर पसन्द आ रहा है। जनता भ्रष्टाचार से लड़ने के तरीकों को बहुत गहराई से अपनी प्रतिक्रिया के रूप में महसूस करती है।

ऑपरेशन दुर्योधन

'चिड़िया चुनती है दानों को, पर हम चुनते नादानों को।'

ऑपरेशन दुर्योधन से हुआ खुलासा पूरे देश को शर्मसार कर देने वाला है। अनिरुद्ध बहल ने अपने पत्रकारों (कोबरापोस्ट.कॉम और आजतक) को नॉर्थ इण्डियन स्मॉल मैन्युफैक्चरर्स एसोसिएशन (निस्मा) नामक एक काल्पनिक संस्था के नुमाइंदों के रूप में कुछ सांसदों के पास भेजा। उनके सामने संसद में सवाल उठाने के एवज में रिश्वत का प्रस्ताव रखा गया, जिसे उन्होंने थोड़ी–सी हील–हुज्जत के बाद मान लिया। निस्मा को मुरादाबाद से कुछ दूर स्थित, लघु उद्योगों के कल्याण के लिए काम करने वाली संस्था बताया गया।

सांसदों ने निस्मा की ओर से संसद में पूछने के लिए कुल 60 सवाल जमा किये। इनमें से करीब 25 सवाल संसद की जटिल लॉटरी प्रक्रिया से गुजरकर बाकायदा सदन में पूछे जाने के लिए चुने गये। कुछ सवालों को बिचौलियों ने नये सिरे से लिखा था तो कुछ अपने मूल रूप में ही सदन में रखे गये जबकि कुछ सवाल आंशिक तौर पर ही पटलं तक पहुँच सके। पैसा किस्तों में दिया गया। दस लोकसभा और एक राज्यसभा सदस्य को कुल मिलाकर पाँच लाख दिये गये। दिलचस्प बात यह है कि इस ऑपरेशन के दौरान सांसदों ने बिचौलियों के जरिए या

निजी सहायकों की मौजूदगी में नकदी लेने से गुरेज नहीं किया। शायद उनका मानना था कि ऐसा करने से उन्हें किसी तरह का कानूनी बचाव मिल जायेगा। हो सकता है कि उन्होंने सोचा हो कि वे अपने बचाव में मीडिया से कम–से–कम इतना तो कह सकेंगे, 'उस गोरखधंधे में मैं नहीं बल्कि मेरा सचिव लिप्त था।'

जम्हूरियत वह तर्जे हुकूमत है
जिसमें बन्दों को गिना करते हैं, तौला नहीं करते।

उपर्युक्त तथ्य को सुस्पष्ट कर अनिरुद्ध बहल का कोबरा पत्रकारिता की दुनिया में बहुचर्चित है। जनतन्त्र की जमीन अब इतनी खोखली हो चुकी है कि उसे भेदने के लिए एक छोटा–सा लेंस ही काफी है।

रेडिमेड स्टिंग ऑपरेशन

समाचार की दुनिया में रेडिमेड स्टिंग ऑपरेशन की खरीद–फरोख्त की परिपाटी भी शुरू हुई है। बने–बनाये माल ने बड़े समाचार संगठनों को काफी लुभाया है। शुरुआत में जहाँ समाचार–पत्र या चैनल स्वयं स्टिंग ऑपरेशन को अंजाम देते थे, वहाँ आज बड़े समाचार चैनल पैसे के बलबूते पर स्टिंग क्लिपिंग की बोलियाँ लगाने लगे हैं। आजकल वेबसाइट, छोटे–छोटे स्थानीय समाचार चैनल और अखबार और कुछ जर्नलिस्ट व्यक्तिगत फण्ड से स्टिंग ऑपरेशन चलाते हैं। जब उन्हें किसी बड़े मुद्दे और व्यक्तित्व को इस ऑपरेशन से कैमरे में कैद करने में सफलता मिल जाती है तो वे बड़े मीडिया ग्रुप को अपनी कहानी और सबूत अच्छे दामों पर बेच देते हैं। चर्चा थी कि कोबरा पोस्ट के सम्पादक अनिरुद्ध बहल द्वारा तैयार किये गये स्टिंग ऑपरेशन दुर्योधन को खरीदने के लिए कई बड़े समाचार चैनलों ने लाखों की रकम ऑफर की थी

भ्रष्टाचार तो देश में है और जीवन का कोई भी पहलू उससे अछूता नहीं है। इस तरह के खुलासे से क्या भ्रष्टाचार पर अंकुश लग जायेगा? भारतीय लोकतन्त्र का चौथा स्तम्भ मीडिया, इलेक्ट्रॉनिक मीडिया कहीं राह तो नहीं भटक गया है? तहलका फेम रिपोर्टर अनिरुद्ध बहल और उनकी सहयोगी सुहासिनी राज की लगातार आठ महीने की मशक्कत के बाद देश को क्या मिला और मीडिया के खाते में इससे कौन–सी उपलब्धि दर्ज हुई?

संसद में सवाल पूछने की एवज में रिश्वत लेना अपने कर्तव्य को बेचने की हरकत है, इसलिए कम–से–कम 'सम्माननीय' सांसदों से तो

यह देश आशा करता ही नहीं था कि वे भी पुलिस विभाग के अधिकारियों, कर्मचारियों या अन्य सरकारी अमलों की तरह अपना कर्तव्य बेचकर लोकतन्त्र का चीरहरण करेंगे। जिन लोगों ने भी यह कुकर्म किया वे धिक्कार के पात्र हैं, सजा के पात्र हैं और व्यवस्था ऐसी हो कि ऐसे लोग कम से कम राजनीति के क्षेत्र में तो रह ही न सकें। लोकतान्त्रिक व्यवस्था में मीडिया की भूमिका इतनी उथली नहीं होती जितनी कि आजकल के स्टिंग ऑपरेशन्स में सामने आ रही है। हम किसी भी स्टिंग ऑपरेशन की बात करें, लेकिन उनमें से एकाध को छोड़कर किसी में भी खोजी पत्रकारिता के मापदण्डों का पालन नहीं हुआ।

एक काल्पनिक रक्षा सौदे का आयोजन कर तहलका भण्डाफोड़ हुआ था। फिर एक टीवी चैनल की रिपोर्टर ने शक्ति कपूर को सेक्स का लालच दिया और उन्हें मुम्बई के एक होटल में बुलाया। फिर उनकी वीडियो क्लिपिंग्स बनाकर पूरे देश को दिखा दीं। अनिरुद्ध बहल के इस तर्क कि हमारा उद्देश्य घटना दिखाना नहीं, दुष्प्रवृत्तियों को उजागर करना था, के आधार पर भी तो इस तरह भण्डाफोड़ को खोजी पत्रकारिता नहीं माना जा सकता, क्योंकि खोजी पत्रकारिता का उद्देश्य प्रवृत्तियों को उजागर करना कभी नहीं रहा। उसका एकमात्र लक्ष्य समाज में हो रही समाज–विरोधी घटनाओं को उजागर करना होता है।

बोफोर्स तोप सौदे की दलाली का भण्डाफोड़ भ्रष्टाचार की प्रवृत्ति या रक्षा सौदों में दलाली खाने की प्रवृत्ति को उजागर करने के लिए नहीं किया गया था। उसका लक्ष्य बोफोर्स तोप सौदे में की गयी दलाली को उजागर करना था। कमला की कहानी भी पुरुषों में स्त्री को खरीदने की प्रवृत्ति उजागर करने के लिए नहीं, बल्कि इस वास्तविकता को उजागर करने के लिए की गयी थी कि उड़ीसा में किस प्रकार स्त्रियों की खरीद–फरोख्त होती है और किस प्रकार गरीब माँ–बाप अपनी गुजर–बसर के लिए अपनी युवा लड़कियों को बेचते हैं। हाँ, यह बात अलग है कि जब घटना उजागर होती है, तो उसके साथ दुष्प्रवृत्तियाँ अपने आप उजागर हो जाती हैं।

मीडिया द्वारा कुछ सनसनीखेज स्टिंग ऑपरेशनों की पृष्ठभूमि में एक सरकारी समिति ने प्रसारण मीडिया के लिए कुछ व्यापक दिशानिर्देश बनाये हैं। जिनमें मीडिया से जुड़े लोगों के लिए कोई भी अभियान चलाने से पहले सम्बद्ध व्यक्ति को अपनी पहचान बताना जरूरी होगा। सूचना व प्रसारण मन्त्रालय द्वारा गठित प्रसारण संहिता एवं दिशानिर्देश उप समिति द्वारा तैयार किये इन दिशा–निर्देशों में समाचार और सामयिक विषय पर

एक अलग अध्याय है जिसमें इस बात का विस्तार से जिक्र है कि प्रसारण पत्रकारों को स्टिंग ऑपरेशन सहित अपना कामकाज किस तरह से करना चाहिए। यह मसौदा पुराने कार्यक्रम व विज्ञापन संहिता का स्थान लेता है।

निजता के उल्लंघन पर दिशा–निर्देशों में कहा गया है कि मीडिया जब कोई स्टिंग ऑपरेशन चलाये तो उसे अपने इस गुप्त अभियान को जनहित के लिए जरूरी साबित करना होगा। इसमें मीडिया के लिए हिदायतें जारी करते हुए स्पष्ट किया गया है कि चैनलों को व्यक्ति के निजी जीवन से जुड़ी ऐसी सामग्री का इस्तेमाल तभी करना चाहिए जब उनके पास उस सामग्री को प्रसारित करने के पक्ष में जनहित से जुड़े उचित कारण हों। इसकी जरूरत शब्द की व्याख्या करते हुए इसमें कहा गया है कि अगर कोई लाइसेंसधारक किसी उल्लंघन को जरूरी ठहराना चाहे तो उसे बताना होगा कि विशेष परिस्थिति में यह क्यों जरूरी है। लाइसेंसधारक को यह बताने में सक्षम होना चाहिए कि जनहित निजता के अधिकार पर भारी है। इनमें कहा गया है कि कोई प्रसारक किसी अन्य पक्ष से फोन पर बातचीत रिकॉर्ड कर सकता है बशर्ते उसने अपनी पहचान बतायी हो, कॉल रिकॉर्ड करने का उद्देश्य बताया, हो और यह भी बताया हो कि यह रिकॉर्डिंग सम्भावित प्रसारण के लिए की जा रही है। पहचान, उद्देश्य व सम्भावित प्रसारण की बात का खुलासा न करना तभी सही माना जायेगा जब ऐसा करना उचित व जरूरी हो। दिशानिर्देशों में कहा गया है कि अगर बाद में स्पष्ट होता है कि फोन पर रिकॉर्ड की गयी बातचीत प्रसारित की जायेगी (लेकिन बातचीत के समय दूसरे पक्ष को यह बात न बतायी गयी हो) तो प्रसारण से पहले दूसरे पक्ष की अनुमति लेनी होगी। समाचार आधारित या इससे सम्बन्धित कार्यक्रम बनाने में निजता का कोई भी उल्लंघन व्यक्ति या संगठन की सहमति से होना चाहिए अथवा यह जरूरी एवं उचित ठहराने योग्य होना चाहिए। मसौदा दिशानिर्देशों में कहा गया है कि अगर किसी व्यक्ति या संगठन की निजता का उल्लंघन किया जा रहा हो और वह फिल्मांकन, रिकॉर्डिंग या सीधे प्रसारण को रोकने के लिए कहे तो प्रसारक को यह बात माननी चाहिए।

प्रमुख ई–पत्रिकाएँ और पोर्टल

संरचनात्मक आधार पर नया समाचार माध्यम 'इण्टरनेट' मुख्यतया दो वर्गों में बाँटा जा सकता है। पहला, अखबारों व पत्रिकाओं के ऑनलाइन या इण्टरनेट संस्करण दूसरे, पोर्टल्स। पोर्टल्स भी दो तरह के हैं। एक वे जो किसी अखबार या पत्रिका प्रकाशन संस्थान से सम्बद्ध हों या उनके ही द्वारा संचालित हों। ये अपनी विषय–सामग्री का कुछ भाग उसी अखबार या पत्रिका से लेते हैं। शेष की रचना वे स्वयं करते हैं। दूसरे तरह के पोर्टल्स अखबार या पत्रिका प्रकाशन संस्थानों के अलावा अन्य स्वतन्त्र पोर्टल्स हैं। ये अपनी पाठ्य सामग्री या तो अन्य पोर्टलों से लेते हैं या स्वयं तैयार करते हैं। इन्हें स्वतन्त्र पोर्टल्स कहा जा सकता है। इनमें हिन्दी भाषाई कुछ पोर्टल इस प्रकार हैं–सत्यम् द्वारा प्रवर्तित—–'हिन्दी.सिफी.कॉम', रीडिफ द्वारा प्रवर्तित–'रेडिफ.कॉम/हिन्दी', इंडिया.कॉम प्रवर्तित–'हिन्दी. इंडिया.कॉम' 'नेटजाल.कॉम'। इन्हें ऑनलाइन पत्रिकाएँ (ई–जीन्स) भी कहा गया है। ये केवल नेट के लिए ही तैयार की जाती हैं। उनके कोई मुद्रित संस्करण नहीं हैं। अंग्रेजी में दिल्ली की ऑन लाइन पत्रिका 'जाल' (www.jaalmag.com) व्यंग्य और गॉसिप की पत्रिका रही है। उसका स्वरूप अमेरिका की 'द ड्रज रिपोर्ट' जैसा है। मुम्बई में 'रेडिफ ऑन द नेट' (www.rediff.com) तथा 'द एशियन' (www.the_asian.com) समाचार पत्रिकाएँ प्रसारित हो रही हैं। नेटजाल.कॉम (www.netjaal.com) भारत का पहला बहुभाषी पोर्टल था, जो कि लेखकों और पत्रकारों द्वारा स्थापित किया गया। वह हिन्दी, गुजराती, मराठी, पंजाबी, अंग्रेजी, मलयालम और कन्नड़ सहित 13 भाषाओं में पढ़ा जा सकता है। इसमें उर्दू, संस्कृत और नेपाली भाषाओं के भी पोर्टल हैं। इसमें 'तलाश' नामक सर्च इंजन है। इसमें हिन्दी में मुफ्त ई–मेल सेवा है, जो 'सी–डैक' के 'ग्राफिक्स एण्ड इंटेलिजेन्स बेस्डस्क्रिप्ट' (जीआईएसटी) का उपयोग करके विकसित की गयी है। इसमें समाचार, सम–सामयिक विषयों पर चर्चा और गपशप तो है ही, धर्म–कर्म का सेक्शन भी है, जिसके अन्तर्गत धर्मग्रन्थों से उद्धरण पेश किये जाते हैं।

जहाँ तक अखबारों के ऑनलाइन संस्करणों का सवाल है तो इनकी शुरुआत की पृष्ठभूमि यह है कि विश्व में 1990 के प्रारम्भ से ही एक ओर जहाँ समाचार–पत्र–पत्रिकाओं की प्रसार संख्या में गिरावट या स्थिरता की प्रवृत्तियाँ प्रकाशन संस्थाओं का चिन्ता का विषय बनी हुई थीं की वहीं दूसरी ओर, उन्नत राष्ट्रों में (और कई विकासशील राष्ट्रों में भी) कम्प्यूटरों के प्रति लोगों का रुझान बढ़ रहा था। इसलिए प्रकाशकों ने सोचा कि यदि वे अपने समाचार–पत्र, पत्रिका की वेबसाइटें शुरू कर दें तो इससे युवा–वर्ग उनकी ओर पुनः आकर्षित होगा। उन्नत राष्ट्रों के अखबारों ने 1990 के दशक के प्रारम्भिक वर्षों में ही अपने ऑनलाइन संस्करण शुरू कर दिये थे। सन् 2000 तक अमेरिका में दो हजार से ज्यादा अखबार ऑनलाइन हो चुके थे। इनमें लॉस एंजेल्स टाइम्स (एलएटाइम्स.कॉम), न्यूयॉर्क टाइम्स (एनवायटी.कॉम) तथा बोस्टन ग्लोब (बोस्टन.कॉम) जैसे अखबार थे, जिनकी वेबसाइटों पर मूल अखबारों की तुलना में अधिक विषय–सामग्री तथा आलेख आदि थे।

भारत में यह दौर 1995–96 से शुरू हुआ। तब यहाँ आम चुनाव होने ही वाले थे। मुख्यधारा के प्रायः सभी अखबार 'चुनाव विशेष' परिशिष्ट निकाल रहे थे। एक ओर जहाँ पाठकों के बीच उनकी पठनीयता थी तो दूसरी ओर, खुद अखबारों के बीच कड़ी प्रतिस्पर्धा थी। अखबारों के इण्टरनेट संस्करण निकालने का खर्च बहुत ज्यादा नहीं आता था। इन तात्कालिक कारणों से 'नेट' के प्रति प्रेम भारत के अखबारों में जागा। तक तक 'इण्डिया डाइजेस्ट', 'इण्डिया–वर्ल्ड' जैसे न्यूज ग्रुप और 'मेलिंग लिस्ट' ही इण्टरनेट पर भारत सम्बन्धी समाचार देते थे। भारतीय समाचार–पत्र–पत्रिकाओं द्वारा ऑनलाइन संस्करण निकाले जाने के पीछे एक और विशेष उद्देश्य यह रहा कि उनकी अन्तरराष्ट्रीय छवि बने तथा अप्रवासी भारतीयों व विदेशी पाठकों को भारतीय अखबार लगभग उसी दिन मिल सकें, जिस दिन वे भारतीय पाठकों को मिलते हैं। चेन्नयी से प्रकाशित अंग्रेजी दैनिक 'द हिन्दू' का साप्ताहिक संस्करण 1995 में इण्टरनेट पर आया। हिन्दी अखबारों में सबसे पहले 'नयी दुनिया' इन्दौर ने 1997 में अपना इण्टरनेट संस्करण शुरू किया। अब तक कई राष्ट्रीय व क्षेत्रीय अखबार व पत्रिकाएँ इण्टरनेट पर आ चुके हैं। ऐसे कुछ अखबारों व पत्रिकाओं की सूची आगे दी गयी है।

भारतीय अखबार तथा पत्रिकाएँ इण्टरनेट पर

(अ) अंग्रेजी भाषा के अखबार तथा पत्रिकाएँ

क्र. सं.	अखबार/पत्रिका	प्रकाशन अवधि	प्रकाशन स्थल	वेबसाइट http://www. ...
1.	मिड डे	दैनिक	मुम्बई	midday.chalomumbai.com
2.	द हिन्दू	दैनिक	चेन्नयी	hinduonnet.com
3.	टाइम्स ऑफ इण्डिया	दैनिक	मुम्बई, दिल्ली (कुल छः संस्करण)	timesofindia.com
4.	एशियन एज	दैनिक	नयी दिल्ली	asianageonline.com
5.	आफ्टरनून	दैनिक	मुम्बई	cybernoon.com
6.	इण्डियन एक्सप्रेस	दैनिक	मुम्बई, दिल्ली (कुल 5 संस्करण)	indianexpress.com indian_express.com
7.	इकोनॉमिक टाइम्स	दैनिक	मुम्बई, नयी दिल्ली	economictime.com
8.	पायोनियर	दैनिक	नयी दि., लखनऊ	dailypioneer.com
9.	डेक्कन हेराल्ड	दैनिक	बंगलौर	deccanherald.com
10.	हिन्दुस्तान टाइम्स	दैनिक	नयी दिल्ली (कुल 3 संस्करण)	hindustantimes.com
11.	एम.पी./सेंट्रल क्रॉनिकल	दैनिक	भोपाल	mpchronicle.com
12.	गोमंतक टाइम्स	दैनिक	गोआ	gomantaktimes.com
13.	कश्मीर ऑब्जर्वर	दैनिक	–	kashmirobserver.com
14.	आन्ध्रप्रदेश टाइम्स	दैनिक	हैदराबाद	aptimes.com
15.	स्टार ऑफ मैसूर	दैनिक	मैसूर	starofmysore.com
16.	फाइनेंशियल एक्सप्रेस	दैनिक	नयी दिल्ली	financialexprees.com
17.	ऑब्जर्वर ऑफ बिजनेस एण्ड पॉलिटिक्स	दैनिक	–	observerindia.com/obp.htm
18.	द स्टेट्समैन	दैनिक	नयी दिल्ली, कोलकाता	thestatesman.net
19.	द टेलीग्राफ	दैनिक	कोलकाता	telegraphindia.com
20.	ट्रिब्यून इण्डिया	दैनिक	चण्डीगढ़	tribunindia.com

21.	काश्मीर मॉनीटर	दैनिक	जम्मू	myasa.com/ kashmirmonitor/
22.	नवहिन्द टाइम्स	दैनिक	गोआ	navhindtimes.com
23.	डेक्कन क्रॉनिकल	दैनिक	हैदराबाद	deccan.com
24.	काश्मीर टाइम्स	दैनिक	–	kashmirtimes.com
25.	इण्डिया टुडे (अंग्रेजी, हिन्दी व अन्य भाषाओं में)	साप्ताहिक समाचार प.	नयी दिल्ली	india_today.com
26.	द वीक	साप्ताहिक समाचार प.	कोचीन	the_week.com
27.	आउटलुक समाचार पत्रिका	साप्ताहिक	नयी दिल्ली	outlookindia.com
28.	बिजनेस स्टैंडर्ड	दैनिक	नयी दिल्ली	business_standard.com
29.	ग्रेटर काश्मीर	दैनिक	श्रीनगर	greaterkashmir.com
30.	काश्मीर टाइम्स	दैनिक	जम्मू–तवी	kashmirtimes.com
31.	रांची एक्सप्रेस	दैनिक	राँची	ranchiexpress.com
32.	आफ्टरनून डिस्पैच एण्ड कूरियर	दैनिक	मुम्बई	cybemoon.com
33.	असम ट्रिब्यून	दैनिक	गुवाहाटी	assamtribune.com
34.	सेंटिनेल असम	दैनिक	गुवाहाटी	sentinalassam.com

(ब) हिन्दी भाषा के समाचार–पत्र–पत्रिकाएँ

क्र. सं.	अखबार / पत्रिका	प्रकाशन अवधि	प्रकाशन स्थल	वेबसाइट http://www. ...
1.	अमर उजाला	दैनिक	उत्तर भारत में अनेक संस्करण	amarujala.com
2.	दैनिक भास्कर	दैनिक	उत्तर भारत में अनेक संस्करण	dainikbhaskar.com
3.	जागरण	दैनिक	उत्तर भारत में अनेक संस्करण	jagran.com
4.	हिन्दी मिलाप	दैनिक	हैदराबाद	hindimilap.com
5.	नयी दुनिया	दैनिक	इन्दौर	naidunia.com
6.	नवभारत टाइम्स	दैनिक	दिल्ली, मुम्बई	navabharattimes. indiatimes.com
7.	प्रभात खबर	दैनिक	राँची	prabhatkhabar.com

8.	नवभारत	दैनिक	मध्यप्रदेश, छत्तीसगढ़ में अनेक संस्करण, मुम्बई से भी प्रकाशित	navbharat.com
9.	राजस्थान पत्रिका	दैनिक	राजस्थान में अनेक संस्करण	rajasthanpatrika.com
10.	राँची एक्सप्रेस	दैनिक	राँची	
11.	हरी भूमि	दैनिक	हरियाणा	haribhoomi.com
12.	इण्डिया टुडे	साप्ताहिक	नयी दिल्ली	hindi.Indiatoday.com
13.	पाञ्चजन्य	साप्ताहिक	नयी दिल्ली	panchajanya.com

(स) अन्य भारतीय भाषाओं के कई समाचार–पत्र–पत्रिकाओं के भी इण्टरनेट संस्करण हैं। इनमें 'चित्रलेखा', 'अकीला दैनिक' (राजकोट), 'सन्देश' तथा 'गुजरात समाचार' (सभी गुजराती), केरल एक्सप्रेस व मलयाला मनोरमा (मलयालम), 'कन्नड़ प्रभा' (कन्नड़), 'थिना भूमि' (तमिल), 'उर्दू टाइम्स डेली' (उर्दू), 'समाज' (उड़िया), 'महाराष्ट्र टाइम्स', 'लोकमत टाइम्स' तथा 'सकाळ' (सभी मराठी) शामिल हैं।

हिन्दी भाषा के ऑनलाइन अखबार

हिन्दी भाषा के दैनिक अखबारों के इण्टरनेट संस्करणों की विषयवस्तु तथा सेवाएँ वैविध्यपूर्ण हैं तो उनकी पृष्ठ सज्जा आकर्षक है। इनकी सर्फिंग करने पर जो उल्लेखनीय तथ्य सामने आते हैं, उनमें प्रमुख यह है कि सभी ऑनलाइन अखबार प्रमुख राष्ट्रीय–अन्तरराष्ट्रीय, क्षेत्रीय व स्थानीय समाचारों की एक–एक या दो–दो पंक्तियाँ या मात्र शीर्षक पहले पेज पर देते हैं, जिसमें से पाठक अपनी रुचि के समाचार पर क्लिक करके विस्तृत समाचार पर पहुँच सकता है। सभी ऑनलाइन अखबार विभिन्न शीर्षकों से विषयगत चैनल्स भी मुखपृष्ठ पर देते हैं, जिन पर क्लिक कर व्यूअर (पाठक) अपनी पसन्दीदा सामग्री पर पहुँच सकता है। कुछ चैनल्स–जैसे भविष्यफल, शेयर, मौसम, सिनेमा आदि सभी इण्टरनेट अखबारों में हैं, भले ही उनका नामकरण अलग–अलग हो। कार्टून प्रायः सभी मुखपृष्ठ पर ही देते हैं। मास्ट हेड–अखबारों की नामपट्टी–या तो पृष्ठ के ऊपर मध्य में (नवभारत टाइम्स, राजस्थान पत्रिका तथा अमर उजाला) है या बायीं ओर (जागरण, नयी दुनिया तथा दैनिक भास्कर)।

'राजस्थान पत्रिका' के इण्टरनेट संस्करण पर 'पोलमपोल' के अन्तर्गत व्यंग्य पढ़े जा सकते हैं। इसमें एक कार्टून पृथक होता है।

जागरण में कार्टून 'गुदगुदी' शीर्षक से है। 'अमर उजाला' में लतीफे पढ़े जा सकते हैं और आनन्दित हुआ जा सकता है। **'जागरण'** में ताजा खबरें निरन्तर 'अपडेट' होती रहती हैं। क्षैतिजिक पट्टी पर बिहार, झारखण्ड, उ.प्र., उत्तरांचल, दिल्ली, हरियाणा, पंजाब, राजस्थान, मध्यप्रदेश, छत्तीसगढ़, हिमाचल तथा जे.के. के लिए 'लिंक्स' हैं, जिनमें से चुनिन्दा पर क्लिक कर उस राज्य की खबरें पढ़ीं जा सकती हैं जबकि 'सुर्खियों' पर क्लिक कर प्रमुख खबरें पढ़ी जा सकती हैं। अन्य चैनल्स इस प्रकार हैं–जागरण सखी, सिनेमा, खाना–खजाना, सिटी जागरण आदि। इसमें जनमत सर्वेक्षण भी है।

'दैनिक भास्कर' के ऑनलाइन संस्करण में प्रमुख समाचार राज्यवार दिये जाते हैं तथा राजस्थान, म.प्र., छत्तीसगढ़, चण्डीगढ़ तथा हरियाणा के लिए, जहाँ से इस अखबार के मुद्रित संस्करण निकलते हैं, 'लिंक्स' विद्यमान हैं। इनके अलावा इसके मुखपृष्ठ पर ये चैनल 'क्लिक' किये जाने हेतु उपलब्ध हैं–'राष्ट्रीय, अन्तरराष्ट्रीय, व्यापार, खेल, सम्पादकीय, वैवाहिकी, भास्कर मैगजीन, भविष्यफल 'फॉर्च्यून', करेंसी–कैलकुलेटर आदि। इसमें 5 राज्यों के 19 शहरों के तापमान दिये जाते हैं। इसमें 'लाइफ स्टाइल' ऑनलाइन परिशिष्ट है, जिसमें एनिमेशन तकनीक का उपयोग किया गया है जिससे साइट अच्छी लगती है। परिशिष्ट की कवर स्टोरी में हिन्दी–अंग्रेजी भाषा का मिला–जुला प्रयोग अक्सर देखने को मिलता है।

नयी दुनिया (इन्दौर) ने सबसे पहले ऑनलाइन संस्करण शुरू किया और अब यह सशुल्क साइट हो गयी है। इसका सिर्फ मुखपृष्ठ ही कम्प्यूटर मॉनीटर पर खोला जा सकता है। भीतर के पृष्ठ खोलने के लिए शुल्क अदा करना आवश्यक है। इसके लिए 'लिंक' मुखपृष्ठ पर मौजूद है। यह वेबसाइट ई–शॉपिंग भी उपलब्ध कराती है। इसके मुखपृष्ठ पर ऊर्ध्वाधर कॉलम में मुद्रित अखबार के सभी स्तम्भ चैनल के रूप में स्थित हैं, जिन्हें क्लिक करके पसन्दीदा पाठ्य सामग्री पढ़ी जा सकती है। ये इस प्रकार हैं–नयी दुनिया विशेष, प्रमुख खबरें, इन्दौर, म.प्र., मेरा देश, विश्व, सम्पादकीय, आलेख, पत्र सम्पादक के नाम, व्यापार–व्यवसाय, खेल हलचल, भविष्यफल, कार्टून, निजी और फोटो गैलरी। इसमें 'आपकी राय', और 'बहस' के जरिए रिस्पांस की भी व्यवस्था है। इस पर नयी दुनिया के तीनों परिशिष्ट धड़कन, नायिका और रविवारीय देखे और पढ़े जा सकते हैं। इसमें वेबदुनिया के माध्यम से ई–मेल तथा वार्ता (वैट) की सहूलियत है। इसमें नीचे आड़ी पट्टीनुमा विज्ञापन दिये जाते हैं। ऊपर पेज के दायीं ओर भी विज्ञापन दिया जाता है।

'नवभारत टाइम्स' के ऑनलाइन संस्करण का मुखपृष्ठ कम्प्यूटर के पर्दे पर अत्यन्त आकर्षक लगता है। इसका मास्ट हेड ऊपर मध्य में है। बायीं ओर बेनेट कोलमॅन एण्ड कम्पनी लिमिटेड का प्रतीक चिह्न है। मास्ट हेड के दायें–बायें तरफ ईयर पैनल पर कोई विज्ञापन नहीं दिया जाता। नीचे आड़ी पट्टीनुमा विज्ञापन दिया जाता है। भीतर के पृष्ठों पर पहुँचने के लिए मुखपृष्ठ पर लिंक्स इन शीर्षक में संचित है–राष्ट्रीय, राज्य, अन्तरराष्ट्रीय, खेल, बिजनेस टाइम्स, बॉलीवुड, सम्पादकीय, फोटो गैलरी, मॉडल वॉच, धर्म संसार तथा ज्योतिष आदि। मत संग्रह और बधाई कार्ड के लिए भी लिंक्स हैं। इसमें इण्डिया टाइम्स.कॉम के माध्यम से ई–मेल और वार्ता सुविधा है। जहाँ तक खबरों का सम्बन्ध है, मुख्य खबरों के अलावा मुखपृष्ठ पर 'आगे और भी है' के अन्तर्गत एक–एक पंक्ति में समाचार शीर्षकों की शृंखला है, जिन पर क्लिक करके पूरी खबरें पढ़ी जा सकती हैं।

'अमर उजाला' के इण्टरनेट संस्करण का मुखपृष्ठ भी जब कम्प्यूटर मॉनीटर पर उभरता है तो वह अत्यन्त आकर्षक लगता है–खासकर इसके मास्ट हेड में प्रयुक्त लाल रंग के कारण। यह मास्ट हेड ऊपर मध्य में होता है और उसके दोनों ओर विज्ञापन होते हैं। इसमें उपलब्ध पाठ्य सामग्री इस प्रकार वर्गीकृत की गयी है–मुखपृष्ठ, देश, राज्य, विदेश, खेल; कारोबार, सम्पादकीय, आपके पत्र आदि। इसमें चैनल्स इस प्रकार हैं–कैरियर, सिनेमा, घर–परिवार, फैशन, बाल डॉट कॉम, लतीफे, टेलीविजन, जायका, फोटो गैलरी, साहित्य, संस्कृति, धर्म–कर्म, भविष्यफल, रिजल्ट आदि। सभी चैनल्स की विषयवस्तु के एक–एक आइटम का संक्षिप्त विवरण पहले पेज पर व्यूअर (दर्शक) को मिलता है और वह अपने पसन्दीदा आयटम को क्लिक कर उसे पढ़ सकता है। इसमें अखबार की पहली लीड स्टोरी का विवरण कुछ पंक्तियों में मॉनीटर पर आता है। उस पर ताजा समाचार निरन्तर आते रहते हैं। इसमें कार्टून 'बाअदब' नाम से है। इसमें तापमान, सूचकांक, सोने–चाँदी के भावों तथा व्रत–त्योहारों का भी पता मुखपृष्ठ से लग सकता है।

'नवभारत' के इण्टरनेट संस्करण का मुखपृष्ठ बिलकुल सादा है। ऊपर मध्य में मास्ट हेड है। बायीं तरफ ऊपर से नीचे क्रमशः इन शीर्षकों में चैनल्स उपलब्ध हैं–मुम्बई, भोपाल, इन्दौर, ग्वालियर, जबलपुर, रायपुर, बिलासपुर तथा नागपुर। इन नगरों से नवभारत के संस्करण प्रकाशित होते हैं। इसके आगे मध्यप्रदेश, महाराष्ट्र, देश, विदेश, हिन्दी, सम्पादकीय,

भविष्यफल, खेल, व्यापार, मौसम, मनोरंजन और वर्गीकृत के चैनल्स हैं। इसी मुखपृष्ठ के एक हिस्से में नवभारत समूह की कम्पनी–'एनबी ग्रुप' का विज्ञापन भी है।

भाषा : समस्या और समाधान

भारत में इण्टरनेट के विकास की राह में दो प्रमुख अवरोध रहे हैं। पहला है–भाषा का अवरोध तथा दूसरा है–बैण्डविड्थ की कमी। यहाँ इस मीडिया को प्रारम्भ में प्रश्रय अंग्रेजी जानने–समझने वालों से ही मिला। इसलिए शहरी क्षेत्र और उसकी प्राथमिकताओं को फोकस करने वाली वेबसाइटों का ही बाहुल्य बना रहा। देशी भाषाओं में पोर्टल बनाने या उसके लिए सॉफ्टवेयर और उपकरण विकसित करने की ओर ध्यान ही नहीं गया–शायद यह सोचकर कि उसकी माँग ही नहीं होगी। लेकिन भारत की 100 करोड़ से ज्यादा की आबादी में से सिर्फ पाँच से छह प्रतिशत लोग ही अंग्रेजी समझते हैं। इसलिए इण्टरनेट पर क्षेत्रीय भाषा का पोर्टल लाना विशेषकर आम जनता के बीच संचार के मद्देनजर बहुत जरूरी माना गया। इण्टरनेट पर भारतीय भाषाओं का प्रवेश तब सम्भव हुआ जब मुम्बई की एक कम्पनी ने 'लैंगस्केप' तकनीक विकसित की। 'इण्डियनलेंग्वेजेज.कॉम' नामक साइट भारतीय भाषाओं के लिए समर्पित है। इण्डियाइन्फो.कॉम और रेडिफ.कॉम ने भी वर्ष 2000 में ही अपने होम पेज पर भारतीय भाषाओं की 'लिंक' कायम कर ली थी। बंगलौर स्थित इण्डिया इन्फो ने हिन्दी, तेलुगु, तमिल, कन्नड़ और मलयालम में विषय सामग्री तथा विशेषकर समाचार देना शुरू कर दिया था। रीडिफ द्वारा भी विभिन्न भाषाओं में समाचार दिये जाने लगे थे।

अब बड़ी संख्या में क्षेत्रीय भाषाओं की वेबसाइटें तैयार हुई हैं। क्षेत्रीयकरण की लहर का एक अच्छा संकेत यह है कि कई इण्टरनेट सेवा प्रदायक (आई.एस.पी.) तथा सुस्थापित पोर्टलों ने अपने क्षेत्रीय संस्करण निकाले हैं। स्थानीय विषय सामग्री एक नये मन्त्र के रूप में ली गयी है। इण्टरनेट सेवा प्रदायकों में सत्यम् सबसे पहली थी जिसने अपने होम पेज अंग्रेजी के अलावा अन्य भाषाओं में निकालने शुरू किये। फिर ऐसा ही मन्त्रा ऑनलाइन, काल्टीजर तथा बीपीएल नेट ने किया। माइक्रोसॉफ्ट ने भी हिन्दी के उपयोगकर्ताओं के लिए एक साइट (माइक्रोसॉफ्ट.कॉम/ इण्डिया/ हिन्दी2000) विकसित की। वास्तव में इस दिशा में 'इण्डियन

लैंग्वेज सॉफ्टवेयर (आईएलएस) दिग्दर्शक माना जाता है। इस पैकेज का निर्माण पुणे स्थित 'सेन्टर फॉर डेवलपमेण्ट ऑफ एडवान्स्ड कम्प्यूटिंग' (सी–डैक) ने इलेक्ट्रॉनिक्स विभाग में कम्प्यूटर प्रशिक्षण के लिए किया था। सी–डैक ने इण्डियन इंस्टीट्यूट ऑफ टेक्नोलॉजी, कानपुर के साझा प्रयासों से भारतीय भाषाओं की कोडिंग में सफलता प्राप्त कर ग्राफिक आधारित स्क्रिप्ट टेक्नोलॉजी (जीआईएसटी) का निर्माण भी किया। किन्तु 'आईएलएस' में प्रमुख समस्या फॉण्ट्स की थी। इसे फॉण्ट्स के एकरूपीकरण की जरूरत महसूस हुई। इसके लिए ऐसा सॉफ्टवेयर विकसित किया गया, जिससे फॉण्ट सन्देश के साथ ही चला जाता है और सन्देश प्राप्तकर्ता को अलग से फॉण्ट डाउनलोड करने की आवश्यकता नहीं होती। आज सी–डैक विभिन्न भाषाओं की तकनीक की करीब दो दर्जन परियोजनाओं पर काम कर रहा है। इस तकनीक को 'नेशनल इन्फॉरमेटिक्स सेन्टर' (एन.आई.सी.) और विदेश संचार निगम लिमिटेड ने अपनाया। एनआईसी में 14 भाषाओं के की–बोर्ड के साथ 25,000 कम्प्यूटर उपयोग में लाये जा रहे हैं।

फिर भी अभी इस दिशा में लम्बी दूरी तय करना बाकी है। मसलन अभी भी वेबसाइट का पता अंग्रेजी में ही लिखना पड़ता है। भारतीय भाषाई विषय सामग्री पर पहुँचना भी तभी सम्भव होता है जब प्राथमिक तौर पर एक अंग्रेजी भाषाई साइट को माध्यम बनाया जाये। अधिकांश भाषाई पोर्टलों की एक समस्या फॉण्ट्स का सही तरीके से लोड नहीं हो पाना है। ऐसी साइटों पर एक नया एकाउंट खोलना भी कठिन होता है। नेट के भारतीयकरण अभियान को बढ़ावा देने में भारत सरकार भी योगदान कर रही है। सूचना प्रौद्योगिकी पर राष्ट्रीय कार्यदल की रपट में 'आईएलएस' को इण्टरनेट पर उपलब्ध कराने तथा इस प्रकार उसकी उन्नति में सहायता देने के तरीके बताये गये हैं। इस लक्ष्य की तरफ बढ़ने से लाभ भी हुए हैं।

वेबदुनिया.कॉम

वेबदुनिया हिन्दी व अन्य भारतीय भाषाओं का प्रथम पोर्टल है। इसकी शुरुआत 1998 में हुई, जबकि इसका लोकार्पण पूर्व प्रधानमन्त्री श्री इन्द्रकुमार गुजराल ने 23 सितम्बर, 1999 को नयी दिल्ली में किया। इसका मुख्यालय इन्दौर (म.प्र.) में है।

'वेब पोर्टल' कई अन्य वेबसाइटों का समागम स्थल (या पोर्ट) है।

पोर्टल एक वृक्ष के समान होता है, जिसमें अन्य वेबसाइटों की लिंक रहती है। पोर्टल दो प्रकार के हो सकते हैं–

(1) ऊर्ध्वाधर : ये पोर्टल किसी एक ही विषयवस्तु पर आधारित गहन जानकारी व विभिन्न वेबसाइटों की लिंक्स रखती हैं। हॉटमेल एक ऊर्ध्वाधर पोर्टल है। इसमें मेल भेजने की सुविधा होती है, वह भी उच्च कोटि की तकनीक आधारित।

(2) क्षितिज : ये पोर्टल कई विषयों पर अपनी क्षमता के अनुसार जानकारी रखते हैं। कभी–कभार ऐसा हो जाता है कि पोर्टल में किन्हीं चुनिन्दा विषयों पर अत्यधिक जानकारी होती है व अन्य विषयों पर बहुत कम जानकारी प्राप्त हो पाती है। ज्यादातर क्षैतिज पोर्टलों में राष्ट्रीय, अन्तरराष्ट्रीय खबरें, खेल, भविष्यफल, ई–मेल, ई–ग्रीटिंग, चैट इत्यादि सुविधाएँ होती हैं।

वेबदुनिया.कॉम एक क्षैतिज पोर्टल है। अतः इसमें इससे जुड़ी अन्य कई वेबसाइटों की लिंक है। ये लिंक वेबदुनिया के चैनल कहलाते हैं। अभी वेबदुनिया पर अलग–अलग विषयों के 31 चैनल चल रहे हैं। कुछ प्रमुख चैनल निम्नलिखित हैं–

(1) ई–मेल : वेबदुनिया पोर्टल का सबसे मुख्य चैनल ई–मेल है। इसका पता डब्ल्यूडब्ल्यूडब्ल्यू.ईपत्र.कॉम है। ई–पत्र इसके उपभोगकर्ताओं को बारह भाषाओं में पत्र भेजने की सुविधा प्रदान करता है। ये बारह भाषाएँ हैं–अंग्रेजी व 11 भारतीय भाषाएँ हिन्दी, मराठी, गुजराती, तमिल, तेलुगु, मलयालम, पंजाबी, असमी, कन्नड़, उड़िया व बंगाली। अपने पत्र को क्षेत्रीय भाषा में लिखने (टाइप करने) के लिए ई–पत्र एक 'टाइपिंग सहायक प्रदान करता है जो यह बताता है कि अंग्रेजी के किन अक्षरों का सही मेल क्षेत्रीय भाषा का सही अक्षर बनाता है। इस 'टाइपिंग सहायक' की मदद से ई–पत्र लिखना अत्यन्त आसान हो जाता है। अतः क्षेत्रीय भाषाओं में ई–मेल भेजने के लिए ई–पत्र.कॉम अत्यन्त ही लोकप्रिय साइट है। जनवरी 2001 में कुल ई–पत्र उपयोगकर्ता थे–4,60,330 जो कि दिसम्बर 2001 में बढ़कर 9,73,000 हो गये। साथ ही जसुभाई डिजिटल मीडिया ने इसे भारत की तीन सर्वश्रेष्ठ ई–मेल आधारित सेवाओं में एक माना।

(2) चैट : वेबदुनिया के 11 क्षेत्रीय भाषाओं में रिले चैट कराने की सुविधा ईवार्ता.कॉम पर प्रस्तुत करती है। इससे देश–विदेश में बैठे भारतीय अपनी भाषाओं में लिखित (टंकित) रूप में आपस में बात कर सकते हैं।

(3) खोज : हिन्दी में किसी भी विषय के बारे में जानकारी प्राप्त करने के लिए वेबदुनिया.कॉम / खोज प्रमुखतम साइट है। अन्य सभी सर्च इंजन अंग्रेजी शब्दों के आधार पर ही विभिन्न साइटों को खोज पाते हैं, किन्तु 'वेबदुनिया खोज' हिन्दी में विभिन्न साइटें खोजने में सहायता प्रदान करती है।

(4) कार्ड्स : भारतीय भाषाओं में ई–ग्रीटिंग कार्ड्स भेजने के लिए वेबदुनिया.कॉम ने वेबदुनिया.कॉम / कामना साइट प्रस्तुत की है। यह साइट सभी त्योहारों / विशेष अवसरों जैसे जन्मदिन, शादी, सगाई तथा विशेष दिनों जैसे मातृ दिवस, शिक्षक दिवस आदि के लिए विभिन्न क्षेत्रीय भाषाओं में कार्ड उपलब्ध कराती है।

(5) सामयिक : यह चैनल हिन्दी में सम–सामयिक समाचार उपलब्ध कराता है। वेबदुनिया.कॉम / न्यूज / सामयिक नामक इस वेबसाइट में हम राष्ट्रीय, अन्तरराष्ट्रीय, प्रादेशिक, खेल, व्यापार तथा चित्रमय समाचार प्राप्त कर सकते हैं। ये समाचार एकदम नये ताजातरीन तथा कुछ पुराने परन्तु मुख्य समाचारों का सम्मिश्रण होते हैं। सभी समाचारों को विभिन्न श्रेणियों में वर्गीकृत किया जाता है। जैसे 'हादसा' एक श्रेणी है, इसमें विभिन्न हादसों जैसे 'अमेरिका पर आतंकवादी हमला', 'अमेरिका का जवाब', 'संसद भवन पर हमला', 'माधव राव सिंधिया की हवाई दुर्घटना' आदि समाचारों के पूरे कवरेज के सभी वेब पेज प्राप्त किये जा सकते थे। यह वेबसाइट प्रतिफल किसी भी नयी खबर के आने पर बदलती रहती है। अतः यह इसके उपयोगकर्ताओं को नयी व पुरानी सभी खबरें प्रदान करती है।

(6) व्रत–त्योहार : वेबदुनिया का यह चैनल देश–विदेश में काफी लोकप्रिय है। वेबदुनिया.कॉम / ऑकेजन नामक इस साइट में दीपावली, ईद, क्रिसमस, महावीर जयन्ती, बुद्ध जयन्ती आदि सभी धर्मों के अनेक व्रतों व त्योहारों की सम्पूर्ण जानकारी प्रदान की गयी है। इस चैनल की लोकप्रियता का एक कारण और है। इसमें हर त्योहार को ऑनलाइन संस्करण प्रदान किया गया है। जैसे गणेशोत्सव के दौरान गणेशजी की ऑनलाइन आरती, जिसमें आरती की थाली गणेशजी के सामने घुमाने से लेकर प्रसाद चढ़ाने तक की सभी क्रियाएँ ऑनलाइन की गयी हैं। यह उन भारतीयों के लिए उपयोगी रहती हैं जो विदेशों में कई वर्षों से बसे हैं, परन्तु भारतीय रीति–रिवाजों का पालन भी करना चाहते हैं। ऐसा ही एक और उदाहरण कुम्भ मेले में ऑनलाइन डुबकी लगाने का था।

(7) वेबदुनिया–सिटी : वेबदुनिया.कॉम/सिटी नामक इस साइट पर देश के 15 प्रमुख शहरों की सभी मुख्य खबरें पढ़ी जा सकती हैं। ये शहर हैं–इन्दौर, पुणे, आगरा, अहमदाबाद, इलाहाबाद, बंगलौर, भोपाल, कोलकाता, चंडीगढ़, दिल्ली, जयपुर, जोधपुर, लखनऊ, मुम्बई, रायपुर व पटना। ये समाचार या तो उस शहर में स्थित वेबदुनिया ब्यूरो ऑफिस से या फिर वेबदुनिया की पैतृक संस्था 'नयीदुनिया' हिन्दी अखबार से प्राप्त किये जा सकते हैं। इन खबरों का अनुपात 80:20 होता है। वेबदुनिया सिटी, शहरों की वह दुनिया है जहाँ उस शहर की हर खबर आपको प्राप्त हो सके। वेबदुनिया सिटी, शहरों की सम्पूर्ण जानकारी व ताजा खबरें एक साथ उस शहर से दूर उसके निवासियों को प्रदान करता है।

वेबदुनिया.कॉम द्वारा प्रदान किये जाने वाले अन्य चैनल इस प्रकार हैं–(1) बहस, (2) ज्योतिष–पांचांग, (3) वामा–नारी, (4) व्यंजन, (5) फोटो गैलरी, (6) बॉलीवुड, (7) कैरियर, (8) सेहत, (9) पर्यटन, (10) खेल–क्रिकेट, (11) व्यापार–मण्डी, (12) आईटी, (13) गुदगुदी, (14) साहित्य, (15) कैरीकेचर, (16) नन्हीं–दुनिया, (17) रोमांस, (18) चुनाव, (19) जन्म–पत्रिका मिलान, (20) होम पेजेस, (21) वैवाहिक, (22) ई–शॉपिंग, (23) हेल्पलाइन।

इन सभी चैनलों पर प्रस्तुत सामग्री को बदलने की समयावधि निर्धारित रहती है। जैसे सामायिक, खेल–क्रिकेट, व्यापार–मण्डी, आईटी व वेबदुनिया सिटी पर सामग्री प्रतिदिन या प्रतिक्षण बदलनी पड़ सकंती है। ज्योतिष–पांचांग, वामा–नारी, कैरियर आदि चैनलों की सामग्री प्रति सप्ताह बदली जा सकती है। बहस, रोमांस, जन्म–पत्रिका मिलान, होम पेजेस, ई–शॉपिंग व हेल्प लाइन इण्टरएक्टिव चैनल हैं, जिनमें उपयोगकर्ता से काफी जानकारी माँगी जाती है व उनके नतीजे तुरन्त ही प्राप्त किये जा सकते हैं।

एक तुलनात्मक अध्ययन

परम्परागत प्रिन्ट मीडिया (समाचार–पत्र)

1. यह सामान्य उपभोक्ता के लिए, विशेषतः निम्न मध्यम आय वर्गीय पाठकों के लिए खरीद शक्ति के साँचे में फिट होने वाला मीडिया है।
2. इसकी ज्यादातर पठनीयता देश की सीमाओं के भीतर ही है। अर्थात् यह भौगोलिक सीमाओं में बँधा मीडिया है।